- Les Dix Fléaux -

Vie

de Désobéissance

et

Vie

d'Obéissance

Dr. Jaerock Lee

URIM
BOOKS

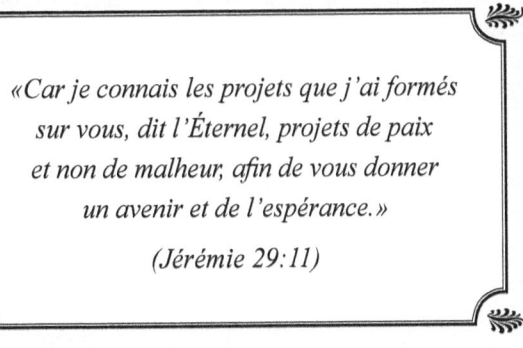

*«Car je connais les projets que j'ai formés
sur vous, dit l'Éternel, projets de paix
et non de malheur, afin de vous donner
un avenir et de l'espérance.»*

(Jérémie 29:11)

Vie de Désobéissance et vie d'Obéissance

par D. Jaerock Lee

Publié par les éditions Urim (Représentant: Seongkeon Vin)
361-66, Shindaebang-Dong, Dongjak-Gu, Seoul, Corée
www.urimbooks.com

Les citations Bibliques sont tirées de la Bible de Genève,traduction Louis Segond,sauf si spécifié autrement.

Copyright ©2013 par Dr. Jaerock Lee
ISBN: 978-89-7557-871-7 (03230)
Traduit à l'anglais par Dr. Esther K. Chung, Copyright © 2008 Fait avec permission.

Déjà publié en coréen par Urim Books en 2007

Première Publication: décembre 2013

Edité par: Dr. Geumsun Vin
Conçu par le Bureau Editorial d'Urim Books
Imprimé par: Prione Compagnie
Pour plus d'informations, contacter urimbook@hotmail.com

Prologue

La guerre civile aux États-Unis avait atteint l'apogée quand le 16ème président, Abraham Lincoln, proclama, le 30 Avril 1863, une journée de prières à jeûne.

«Les catastrophes effrayantes d'aujourd'hui peuvent être le châtiment infligé à cause des péchés de nos pères. Nous étions trop fiers de notre succès et richesse. Nous étions si fiers que nous avons oublié de prier Dieu, notre créateur. Nous devons confesser les péchés de notre nation et implorer la miséricorde de Dieu et sa grâce avec une humble attitude. C'est le devoir des citoyens Américains des États-Unis».

Comme le grand chef le suggéra, de nombreux Américains restaient à jeun pendant un jour; leur jeûne fut accompagné de prières.

Lincoln pria humblement Dieu et, ainsi, il sauva les Etats-Unis de succomber dans la sécession. En fait, nous pouvons, en ayant recours à Dieu, résoudre tous les problèmes.

L'évangile a été prêché par de nombreux prédicateurs à travers les siècles. Mais beaucoup de gens n'écoutent pas la parole de Dieu, en disant qu'ils préfèrent croire en eux-mêmes.

Aujourd'hui, il y a, dans le monde entier, des changements de température inhabituels et des catastrophes naturelles. Même avec le progrès de la médecine, il y a des maladies nouvelles et résistantes aux traitements; ces maladies deviennent de plus en plus virulentes.

Les gens peuvent avoir confiance en eux. Ils peuvent s'éloigner de Dieu, mais quand nous regardons leur vie, nous ne pouvons pas parler d'eux sans mentionner les mots comme l'anxiété, la douleur, la pauvreté et la maladie.

En un jour une personne peut perdre sa santé. Certains perdent l'un de leurs proches, ou toute leur fortune; pertes dues à des accidents. D'autres peuvent affronter de nombreuses difficultés dans leurs entreprises et leurs travaux.

Ils peuvent crier: «Pourquoi ces choses doivent m'arriver?» Mais, ils ignorent le moyen pour en sortir. Beaucoup de croyants souffrent de tentations et d'épreuves et ne savent pas comment les vaincre.

Mais, toute chose a sa cause. Tous les problèmes et les difficultés aussi ont des causes.

Les Dix Fléaux infligés à l'Egypte, et les règles pour la Pâque, inscrits dans le Livre de l'Exode, présentent la clé des solutions à toutes sortes de problèmes auxquels l'humanité tout entière est confrontée aujourd'hui.

L'Égypte se réfère spirituellement au monde, et la leçon tirée des Dix Fléaux de l'Egypte s'applique à tous les humains dans le monde, même ceux de nos jours. Mais peu de gens réalisent la volonté de Dieu contenue dans les Dix Fléaux.

La Bible ne précise pas qu'il s'agit de 'Dix fléaux', certaines personnes disent qu'ils sont au nombre de onze ou même de douze.

L'opinion originelle considère le cas de la transformation du bâton d'Aaron en serpent comme un fléau. Mais il n'y a pas vraiment aucun dégât causé par la vue d'un serpent; donc, en un certain sens, il est difficile de l'inclure comme l'un des fléaux.

Mais comme un serpent dans le désert a un poison très fort de telle sorte qu'il peut tuer une personne en la mordant, on peut se sentir très menacé juste par la vue d'un serpent. C'est pourquoi certains l'incluent parmi les fléaux.

Les conceptions les plus récentes font inclure soit la transformation du bâton en serpent, soit la mort des soldats Égyptiens dans la mer Rouge. Comme le peuple d'Israël n'avait pas encore traversé la Mer Rouge à ce moment-là, certains considèrent la mort des Égyptiens comme fléau. Ainsi on dit qu'il y avait douze fléaux. Mais l'important n'est pas le nombre des fléaux, mais le sens spirituel et la providence de Dieu qui y sont contenus.

Dans ce livre sont représentées, en opposition, la vie du Pharaon, qui avait désobéi à la parole de Dieu, et celle de Moïse qui avait mené une vie d'obéissance. Ce livre contient aussi l'amour de Dieu qui, avec sa compassion sans limite, nous permet de connaître la voie du salut à travers la célébration de la Pâque, la loi de la circoncision, et le sens de la fête des pains sans levain.

Le Pharaon était témoin de la puissance de Dieu, mais encore lui avait désobéi, et il tomba dans un état irréversible. Mais les Israélites étaient à l'abri de toutes les catastrophes, car ils avaient obéi à Dieu.

Dieu nous parle des Dix Fléaux pour comprendre les raisons pour lesquelles nous faisons face à des tests et épreuves. Ainsi, nous pouvons résoudre tous les problèmes de la vie et mener une vie aisée, sans catastrophe.

En outre, en nous parlant de la bénédiction reçue quand nous obéissons, Dieu veut que nous, ses enfants, possédions le royaume des cieux.

Ceux qui lisent ce livre seront en mesure de trouver les clés pour résoudre les problèmes de la vie. Ils sentiront un apaisement spirituel ressemblant à une pluie douce qui tombe après une longue période de sécheresse, et seront conduits pour trouver des solutions et obtenir des bénédictions.

Je remercie Geumsun Vin, la directrice du bureau de rédaction, et tous les travailleurs qui ont rendu possible cette publication. Je prie au nom du Seigneur Jésus-Christ que tous les lecteurs mènent une vie d'obéissance, afin qu'ils reçoivent l'amour extraordinaire et bénédictions de Dieu.

Jaerock Lee

Table des Matières

Vie de **désobéissance**

«Mais si tu n'obéis point à la voix de l'Eternel, ton Dieu,
si tu n'observes pas et ne mets pas en pratique tous ses
commandements et toutes ses lois que je te prescris
aujourd'hui, voici toutes les malédictions qui viendront
sur toi et qui seront ton partage:Tu seras maudit dans
la ville, et tu seras maudit dans les champs. Ta corbeille
et ta huche seront maudites. Le fruit de tes entrailles, le
fruit de ton sol, les portées de ton gros et de ton menu
bétail, toutes ces choses seront maudites.Tu seras maudit
à ton arrivée, et tu seras maudit à ton départ.»
(Deutéronome 28:15-19)

Chapitre 1

Dix fléaux infligés à l'Egypte

Exode 7:1-7

«L'Eternel dit à Moïse: Vois, je te fais Dieu pour Pharaon; et Aaron, ton frère, sera ton prophète.Toi, tu diras tout ce que je t'ordonnerai; et Aaron, ton frère, parlera à Pharaon, pour qu'il laisse aller les enfants d'Israël hors de son pays.Et moi, j'endurcirai le cœur de Pharaon, et je multiplierai mes signes et mes miracles dans le pays d'Egypte.Pharaon ne vous écoutera point. Je mettrai ma main sur l'Egypte, et je ferai sortir du pays d'Egypte mes armées, mon peuple, les enfants d'Israël, par de grands jugements. Les Egyptiens connaîtront que je suis l'Eternel, lorsque j'étendrai ma main sur l'Egypte, et que je ferai sortir du milieu d'eux les enfants d'Israël. Moïse et Aaron firent ce que l'Eternel leur avait ordonné; ils firent ainsi.Moïse était âgé de quatre-vingts ans, et Aaron de quatre-vingt-trois ans, lorsqu'ils parlèrent à Pharaon.»

Toute personne a le droit d'être heureuse, mais actuellement, peu de gens se sentent heureux. Il est difficile de garantir le bonheur d'une personne, surtout dans ce monde actuel qui est si plein de diverses formes d'accidents, de maladies et de crimes. Mais il y a quelqu'un qui, plus que quiconque d'autre, veut que nous éprouvions le bonheur. C'est Dieu, notre Père, qui nous a créés. La plupart des parents désirent, du fond de leur cœur et sans aucune condition, donner à leurs enfants tout ce qui assure leur bonheur. L'amour de notre Dieu dépasse celui de n'importe quels parents; il veut nous bénir beaucoup plus que ne le désire tout parent.

Alors, comment Dieu pourrait-il accepter que ses enfants souffrent des angoisses et vivent des expériences désastreuses? Tout ce qui nous arrive est selon la volonté de Dieu.

Si nous sommes capables de prendre conscience de la signification spirituelle contenue dans les dix fléaux infligés à l'Égypte et si nous comprenons la Providence de Dieu, nous pourrons comprendre que ce fut aussi l'amour divin. En outre, nous pourrons découvrir les moyens pour éviter les catastrophes. Toutefois, même si nous faisons face à des catastrophes, nous trouverons le moyen pour en sortir et suivre la voie des bénédictions.

Face aux difficultés, beaucoup de gens ne croient pas en Dieu. Par contre, ils continuent à se plaindre contre lui. Même parmi les croyants, il y a certains qui, se trouvant dans la détresse, ne comprennent pas la volonté de Dieu. Dans ces moments de difficultés, ils perdent leur courage et tombent dans le désespoir.

Job était l'homme le plus riche de l'Orient. Mais quand les catastrophes l'accablaient, il ne comprit pas d'abord la volonté de Dieu. Il parlait comme s'il s'attendait à vivre ces catastrophes. Cela est exprimé dans Job 2:10. Selon lui, comme il avait reçu des bénédictions de Dieu, il pourrait également être frappé par les malheurs. Toutefois, il avait mal compris que Dieu ne donne pas des bénédictions et des désastres sans cause ni raison.

Le cœur de Dieu n'est jamais une calamité pour nous, mais une paix. Avant d'examiner les dix fléaux infligés à l'Égypte, essayons de voir le contexte historique de ce temps-là.

La formation des Israélites

Israël est le peuple choisi de Dieu. Dans leur histoire, se manifestent clairement la providence et la volonté de Dieu. Israël est le nom donné à Jacob, le petit-fils d'Abraham. Ce nom signifie *«tu as lutté avec Dieu et avec des hommes et tu as été vainqueur»* (Genèse 32:28).

Isaac est né d'Abraham. Et, Isaac avait deux fils jumeaux: Esaü et Jacob. Quand ils naquirent, le second fils, Jacob, se tint sur le talon de son frère, Esaü. Ce qui est inhabituel. Jacob voulait prendre le droit d'aînesse au lieu de son frère aîné, Esaü.

C'est pourquoi Jacob avait plus tard acheté le droit d'aînesse d'Esaü avec du pain et du potage de lentilles. Il avait également trompé son père Isaac pour prendre, d'Esaü, les bénédictions du premier fils.

Aujourd'hui, la mentalité des gens a beaucoup changé, et les gens transmettent l'héritage non seulement aux garçons, mais aussi à leurs filles. Mais jadis, généralement, ce fut le premier fils qui recevait tout l'héritage des parents. En Israël, aussi, cette bénédiction du premier fils fut grande.

La Bible nous dit que Jacob avait eu la bénédiction du fils aîné d'une manière trompeuse, mais il avait vraiment envie de recevoir les bénédictions de Dieu. Jusqu'à ce qu'il en obtînt, il fallait passer par toutes sortes de difficultés: il avait dû s'enfuir de son frère; il avait servi son oncle, Laban, pendant vingt ans; et tout en servant son oncle, il fut souvent trompé et trahi par lui.

Lorsque Jacob revint à sa ville natale, il était dans une situation mortelle parce que son frère se trouvait encore en colère contre lui. Jacob avait dû passer par ces difficultés, parce qu'il avait cherché, par le moyen de la ruse, son avantage personnel ou son bénéfice.

Mais puisqu'il craignait Dieu plus que les autres, il avait détruit son ego, son «moi», en ces moments difficiles. Ainsi, il avait finalement reçu la bénédiction de Dieu et la nation d'Israël fut formée de ses douze fils.

Contexte de l'Exode et apparition de Moïse

Pourquoi les Israélites vivaient comme des esclaves en Egypte?

Jacob, le père d'Israël, fit preuve de favoritisme envers son onzième fils, Joseph. Ce fils préféré naquit de Rachel, la femme que Jacob aima de tout son cœur. Cela avait déclenché la jalousie des demi-frères de Joseph, et par conséquence, Joseph fut vendu en Egypte, par ses frères, comme esclave.

Joseph craignait Dieu et agissait avec intégrité. Il marchait parfaitement avec Dieu; et, depuis le moment où il fut vendu en Égypte, Joseph devint, en treize ans, aussi important que le roi sur toutes les terres de l'Égypte.

À cette époque, il y eut une grave sécheresse dans le Proche-Orient, et à la faveur de Joseph, Jacob et sa famille avait déménagé en Égypte. L'Égypte fut sauvée de cette grave sécheresse grâce à la sagesse de Joseph. Par la suite, le Pharaon et les Égyptiens avaient bien accueilli la famille de Joseph, et leur avait donné le pays de Gosen.

Après de nombreuses générations, les Israélites avaient prévalu en nombre. Les Égyptiens se sentaient menacés; ils avaient déjà oublié la grâce de Joseph, mort depuis des centaines d'années.

Après tout, les Égyptiens commencèrent à persécuter les Israélites et les ont rendu des esclaves. Les Israélites étaient forcés d'accomplir un travail rigoureux.

En outre, pour arrêter l'augmentation du nombre des Israélites, le Pharaon avait commandé aux sages-femmes des hébreux de tuer tous les garçons nouveau-nés.

Moïse, le leader de l'Exode, naquit dans cette sombre période. Sa mère, voyant qu'il était beau, le cacha pendant trois mois. Ne pouvant plus le garder caché, elle le mit dans un panier en osier, parmi les roseaux au bord du Nil.

Pendant ce temps, la princesse d'Égypte descendit au Nil pour s'y baigner. Elle aperçut le couffin et voulut prendre le bébé et le garder. La sœur de Moïse avait observé ce qui s'était passé et recommanda immédiatement Jokébed, la vraie mère de Moïse, en tant que sage-femme. De cette façon, Moïse fut élevé par sa propre mère.

Et par conséquent, il est arrivé à apprendre au sujet du Dieu d'Abraham, d'Isaac et de Jacob, et au sujet des Israélites.

En grandissant dans le palais du Pharaon, Moïse avait acquis divers types de connaissances qui le préparaient et l'équipaient comme un leader. Durant cette période, il avait été informé clairement sur son peuple et sur Dieu. Son amour pour Dieu et pour son peuple avait aussi grandi.

Dieu avait choisi Moïse comme le leader de l'Exode; dès sa naissance, Moïse avait appris et pratiqué les qualités de leader et le contrôle.

Moïse et le Pharaon

À un certain moment, la vie de Moïse prit un tournant décisif. Il était toujours inquiet pour son peuple, les Hébreux, et il était anxieux à cause de leur peine et de leur souffrance en tant qu'esclaves. Un jour, il aperçut un Égyptien en train de frapper un homme hébreu. Ne pouvant pas tenir sa colère, il tua l'Égyptien. Éventuellement, le Pharaon avait entendu parler de l'affaire, alors Moïse s'enfuit de lui.

Moïse passait les quarante années qui suivirent cet événement comme un berger, gardant les moutons dans le désert de Madian. Tout cela lui était arrivé selon la Providence divine, afin de le préparer comme le leader de l'Exode. Pendant ces 40 années de pâturage passées en s'occupant du troupeau de son beau-père dans le désert, Moïse avait complètement abandonné sa dignité comme un prince égyptien et devint un homme très humble.

C'est après tout cela que Dieu nomma Moïse comme leader de l'Exode.

> *Mais Moïse répondit à Dieu: «Qui suis-je, pour aller vers Pharaon, et pour faire d'Egypte les enfants d'Israël?»* (Exode 3:11)

Puisqu'il faisait seulement paître les moutons pendant quarante ans, Moïse n'avait pas de confiance en soi. Dieu connaissait aussi le cœur de Moïse, et il lui montra plusieurs signes tels que la transformation d'un bâton en un serpent. Dieu voulut par ses signes le pousser à aller chez le Pharaon, et de délivrer l'ordre de Dieu. Moïse s'était totalement humilié et devint en mesure d'obéir au commandement de Dieu. Par contre, à la différence de Moïse, le Pharaon était un homme très entêté avec un cœur endurci.

Un homme avec un cœur dur et insensible ne change pas, même après avoir vu de nombreuses œuvres de Dieu. Dans la célèbre parabole du semeur, Matthieu 13:18-23, Jésus évoque les quatre types de champs. Un de ces types représente les personnes dont le cœur est endurci; ces personnes sont semblables au bord de la route où tombe la semence. Le bord de la route est très dur parce que les gens y marchent dessus. Ceux qui ont ce genre de cœur ne changent jamais, même après avoir vu les œuvres de Dieu.

À cette époque, les Égyptiens étaient très forts et courageux comme des lions. Leur chef, le Pharaon, avait le pouvoir absolu et se considérait comme un dieu. Le peuple l'avait également servi comme s'il était un dieu.

Moïse avait parlé de Dieu à ces personnes qui étaient persuadées d'une telle pensée. Les Égyptiens ne connaissaient pas le Dieu de Moïse qui avait ordonné le Pharaon de laisser partir les Israélites. Évidemment, ce fut difficile pour eux d'écouter Moïse.

En outre, le travail des Israélites leur accordait de grands avantages qui les réjouissaient. Par conséquent, c'était encore plus difficile d'accepter les paroles de Moïse.

Aujourd'hui aussi, il y a des gens qui trouvent que leurs connaissances, la célébrité, le pouvoir, ou la richesse sont les meilleurs. Ils ne cherchent que leur propre intérêt et n'ont confiance qu'en leurs propres capacités. Ils sont arrogants et leur cœur est endurci.

Le cœur du Pharaon et celui des Egyptiens s'étaient endurcis. Par conséquent, ils n'obéirent pas à la volonté de Dieu délivrée par Moïse. Ils avaient désobéi jusqu'à la fin, et finalement, ils furent mis à mort.

Bien sûr Dieu n'aurait pas permis dès le début de grands fléaux, même si le cœur du Pharaon s'était endurci.

Comme il est dit: *«L'Éternel est miséricordieux et compatissant, lent à la colère et plein de bonté»* (Psaume 145:8). Dieu leur avait montré sa puissance, plusieurs fois, à travers Moïse. Dieu voulait que les Egyptiens le reconnaissent et lui obéissent. Mais le Pharaon endurcit son cœur encore plus.

Dieu, qui voit le cœur et l'esprit de chaque personne, avait parlé à Moïse et lui avait fait connaître tout ce qu'il allait faire.

«Et moi, j'endurcirai le coeur de Pharaon, et je multiplierai mes signes et mes miracles dans le pays d'Égypte. Pharaon ne vous écoutera point. Je mettrai ma main sur l'Égypte, et je ferai sortir du pays d'Égypte

mes armées, mon peuple, les enfants d'Israël, par de grands jugements. Les Égyptiens connaîtront que je suis l'Éternel, lorsque j'étendrai ma main sur l'Égypte, et que je ferai sortir du milieu d'eux les enfants d'Israël. Moïse et Aaron firent ce que l'Éternel leur avait ordonné; ils firent ainsi. Moïse était âgé de quatre-vingts ans, et Aaron de quatre-vingt-trois ans, lorsqu'ils parlèrent à Pharaon» (Exode 7:3-5).

Le cœur endurci de Pharaon et les dix fléaux

Durant tout le processus de l'Exode, nous pouvons trouver, de nombreuses fois, l'expression, «l'Éternel endurcit le coeur de Pharaon.»

Littéralement, il semble que Dieu endurcit le cœur du Pharaon exprès, et il est possible qu'on comprenne que Dieu est comme un dictateur. Mais cela est erroné.

Dieu veut que tous les hommes soient sauvés (1 Timothée 2:4). Il veut que tout homme, même avec le cœur le plus endurci, comprenne la vérité et atteigne le salut.

Dieu est le Dieu d'amour; il n'aurait jamais endurci le cœur du Pharaon exprès dans le but de révéler sa gloire. En outre, le fait d'envoyer Moïse chez le Pharaon, plusieurs fois, nous permet de comprendre que Dieu voulut que le Pharaon et tous les autres changent leur cœur et obéissent à la volonté divine.

Selon la Bible, Dieu fait tout dans l'ordre, dans l'amour, et dans la justice.

Si nous faisons du mal et nous n'écoutons pas la parole de Dieu, l'ennemi diable nous accusera. C'est pourquoi nous sommes confrontés à des épreuves et des tentations. Ceux qui obéissent à la parole de Dieu et vivent selon la justice vont recevoir des bénédictions.

Les hommes choisissent, consciemment, leurs actions. Dieu ne désigne pas les personnes qui recevront les bénédictions et celles qui ne les auront pas. Si Dieu n'est pas un Dieu d'amour et de justice, il aurait dès le début infligé une grande calamité sur l'Égypte pour faire soumettre le Pharaon.

Dieu ne veut pas «une obéissance forcée» résultant de la peur. Il veut que les hommes ouvrent leur cœur et lui obéissent volontairement.

Tout d'abord, il nous permet de connaître sa volonté et il montre sa puissance afin que nous puissions obéir. Mais quand nous n'obéissons pas, il commence par les calamités mineures pour nous permettre d'avoir une certaine prise de conscience et nous mener ainsi à nous retrouver.

Dieu le Tout-Puissant connaît le cœur des hommes; il sait à quel moment les maux sont révélés, comment nous pouvons les rejeter et comment recevoir les solutions à nos problèmes.

Même aujourd'hui, il nous guide vers la meilleure voie et nous inspire le meilleur moyen pour devenir les enfants saints de Dieu.

De temps en temps, il permet des tests et des épreuves que

nous pouvons surmonter. C'est le moyen qui nous permet de découvrir le mal en nous, et de le rejeter. Comme notre âme est prospère, il permet que tout aille bien avec nous et nous donne une bonne santé.

Le Pharaon n'avait pas renoncé à son mal lorsqu'il lui avait été révélé. Il endurcit son cœur, et resta désobéissant à la parole de Dieu. Parce que Dieu connaissait le cœur de Pharaon, il avait laissé le cœur endurci de Pharaon se dévoiler à travers les fléaux. C'est pourquoi la Bible dit: «L'Éternel endurcit le coeur de Pharaon».

Généralement, «avoir un cœur endurci» veut dire avoir un caractère difficile et obstiné. Mais, dans la Bible, et en ce qui concerne le Pharaon, avoir le cœur endurci ne signifie pas seulement désobéir à la Parole de Dieu avec méchanceté, mais aussi s'opposer à Dieu.

Comme il est mentionné précédemment, le Pharaon avait mené une vie très centrée sur sa personne à tel point qu'il se considéra comme un dieu. Tout le peuple lui obéissait, et il n'avait rien à craindre. En voyant les œuvres de la puissance divine qui se manifestaient à travers Moïse, s'il avait bon cœur, il aurait cru en Dieu, même s'il ne l'avait pas connu auparavant.

Par exemple, Nebucadnestar de Babylone, qui avait vécu de 605 à 562 avant J.C, n'avait pas connu Dieu. Toutefois, comme il fut témoin de la puissance de Dieu qui se manifesta à travers les trois amis de Daniel Schadrac, Méschac et Abed-Nego, il reconnut Dieu.

«*Nebucadnetsar prit la parole et dit: Béni soit le Dieu de Schadrac, de Méschac et d'Abed-Nego, lequel a envoyé son ange et délivré ses serviteurs qui ont eu confiance en lui, et qui ont violé l'ordre du roi et livré leur corps plutôt que de servir et d'adorer aucun autre dieu que leur Dieu! Voici maintenant l'ordre que je donne: tout homme, à quelque peuple, nation ou langue qu'il appartienne, qui parlera mal du Dieu de Schadrac, de Méschac et d'Abed-Nego, sera mis en pièces, et sa maison sera réduite en un tas d'immondices, parce qu'il n'y a aucun autre dieu qui puisse délivrer comme lui.*»* (Daniel 3:28-29).

Lorsqu'ils étaient jeunes, Schadrac, Méschac et Abed-Nego, furent emmenés comme prisonniers dans un pays païen. Pour obéir aux commandements de Dieu, ils n'acceptaient pas de s'incliner devant une idole; alors, ils furent jetés dans une fournaise ardente. Mais ils n'avaient pas subi l'atteinte du feu, et, même leurs cheveux n'étaient pas roussis. Aussitôt, témoignant de cet événement, Nebucadnestar reconnut Dieu le vivant.

Lorsqu'il avait vu l'œuvre de Dieu transcendant au-delà des capacités humaines, Nebucadnestar n'avait pas seulement reconnu Dieu le Tout-Puissant mais, également, il glorifia Dieu et le loua devant tout son peuple.

Cependant, le Pharaon n'avait pas reconnu Dieu, même après avoir vu ses œuvres puissantes. Il endurcit son cœur encore plus. C'est seulement après avoir souffert, non pas seulement d'un ou de deux fléaux, mais des dix fléaux, qu'il permit aux Israélites de partir.

Mais son cœur endurci n'avait pas changé complètement; il regretta le fait de laisser partir les Israélites. Il les poursuivit avec son armée et, enfin, lui et son armée moururent dans la mer Rouge.

Les Israélites étaient sous la protection de Dieu

Alors que toute la terre d'Egypte endura les fléaux, les Israélites, qui vivaient dans ce pays, n'avaient souffert d'aucun malheur. C'est parce que Dieu avait donné sa protection spéciale sur le pays de Gosen où vivaient les Israélites.

Si Dieu nous protège, nous pourrons aussi être en sécurité même dans les grandes catastrophes et afflictions. Même si nous attrapons une maladie ou si nous affrontons des difficultés, nous pourrons être guéris et surmonter tout obstacle grâce à la puissance de Dieu.

Ce n'est pas parce qu'ils avaient la foi et qu'ils faisaient tout ce qui est juste que les Israélites étaient protégés, mais parce qu'ils étaient le peuple élu de Dieu. Contrairement aux Égyptiens, les Israélites avaient cherché Dieu durant leurs souffrances.

Et puisqu'ils avaient reconnu Dieu, ils pouvaient être sous sa protection.

Ainsi, comme nous sommes devenus enfants de Dieu, nous pouvons être protégés contre les catastrophes qui frappent les non croyants, même si nous avons encore certaines formes de mal.

C'est parce que nos péchés sont pardonnés par le sang de Jésus-Christ, et parce que nous sommes devenus enfants de Dieu. Par suite, nous ne sommes plus des enfants du diable qui nous apporte les épreuves et les catastrophes.

En outre, comme notre foi augmente, nous arrivons à garder le jour saint du Seigneur, à renoncer au mal et à obéir à la parole de Dieu. Ainsi, nous pouvons recevoir l'amour de Dieu et ses bénédictions.

> «Maintenant, Israël, que demande de toi l'Eternel, ton Dieu, si ce n'est que tu craignes l'Eternel, ton Dieu, afin de marcher dans toutes ses voies, d'aimer et de servir l'Eternel, ton Dieu, de tout ton cœur et de toute ton âme; si ce n'est que tu observes les commandements de l'Eternel et ses lois que je te prescris aujourd'hui, afin que tu sois heureux?» (Deutéronome 10:12-13).

Chapitre 2

La vie de désobéissance et les fléaux

Exode 7:8-13

«L'Eternel dit à Moïse et à Aaron: Si Pharaon vous parle, et vous dit: Faites un miracle! tu diras à Aaron: Prends ta verge, et jette-la devant Pharaon. Elle deviendra un serpent. Moïse et Aaron allèrent auprès de Pharaon, et ils firent ce que l'Eternel avait ordonné. Aaron jeta sa verge devant Pharaon et devant ses serviteurs; et elle devint un serpent. Mais Pharaon appela des sages et des enchanteurs; et les magiciens d'Egypte, eux aussi, en firent autant par leurs enchantements. Ils jetèrent tous leurs verges, et elles devinrent des serpents. Et la verge d'Aaron engloutit leurs verges. Le cœur de Pharaon s'endurcit, et il n'écouta point Moïse et Aaron selon ce que l'Eternel avait dit.»

Karl Marx rejeta Dieu. Il avait fondé le communisme, doctrine fondée sur la base du matérialisme. Sa théorie avait attiré de nombreuses personnes, les éloignant ainsi de Dieu. Il semblait que tout le monde allait bientôt adopter le communisme. Mais le communisme s'était effondré en moins de 100 ans.

Juste comme dans l'effondrement du communisme, Marx avait souffert de tellement de choses dans sa vie personnelle, tels que les troubles mentaux et la mort prématurée de ses enfants.

Friedrich W. Nietzsche, qui avait dit que Dieu est mort, influença de nombreuses personnes, les poussant à s'opposer à Dieu. Mais peu de temps après, il devint fou à cause de la peur et, finalement, il fit face à une fin tragique.

Nous pouvons voir que ceux qui s'opposent à Dieu et désobéissent à sa parole souffrent de difficultés, qui sont comme les fléaux, et mènent une vie très misérable.

Les différences entre: Fléaux, Épreuves, Tests et Tribulations

Qu'il s'agisse de croyants ou non, toute personne peut faire face à certains types de problèmes dans sa vie. C'est parce que nos vies sont dans la Providence divine dont le dessein est de mener l'humanité pour être de vrais enfants de Dieu.

Dieu ne nous a donné que de bonnes choses. Mais depuis que le péché originel, commis par Adam, entacha tout humain dès sa naissance, ce monde devint sous le contrôle de l'ennemi diable et Satan. Depuis ce temps, les gens ont commencé à souffrir de diverses difficultés et peines.

Les humains commettent des péchés à cause de la haine, la colère, la convoitise, l'arrogance, et des pensées adultères. Selon la gravité du péché, les gens souffrent de toutes sortes de tentations et d'épreuves, apportées par l'ennemi diable et Satan.

Quand ils affrontent des situations très difficiles, les gens disent que c'est une catastrophe. En outre, quand les croyants font face à des choses difficiles, ils ont souvent recours à la terminologie: «test», «tribulation», ou «épreuve».

La Bible dit aussi: *«Bien plus, nous nous glorifions même des afflictions, sachant que l'affliction produit la persévérance, la persévérance la victoire dans l'épreuve, et cette victoire l'espérance»* (Romains 5:3-4).

On peut parler de désastres ou fléaux, de tests ou tribulations; cela dépend de la mesure de foi de la personne. En outre, il faut voir si cette personne vit dans la vérité ou pas.

Par exemple, un homme qui a la foi et qui a tant écouté la Parole de Dieu, s'il n'agit pas selon la parole, Dieu ne pourra pas le protéger de souffrir de plusieurs sortes de difficultés. Cela peut être appelé une «tribulation». Ajoutons que s'il abandonne sa foi et agit dans la contrevérité, il endurera les fléaux ou les désastres.

En outre, supposons qu'une personne écoute la parole et essaye de la pratiquer, mais ne vit pas complètement par la parole maintenant. Alors, cette personne doit lutter contre ses natures pécheresses. Quand un homme rencontre beaucoup de genres de difficultés, il doit lutter contre ses péchés jusqu'à résister au sang. Alors, La Bible dit qu'il subit des épreuves ou qu'il est discipliné. Notamment, les nombreux types de difficultés qu'il rencontre sont appelés «épreuves».

En outre, un «test» est une occasion qui se présente à l'être humain afin de vérifier combien sa foi a grandi. Ainsi, pour ceux qui essaient de vivre selon la Parole, il y a des épreuves et des tests. Si une personne ne suit pas la vérité et incite la colère de Dieu, elle souffrira de 'tribulation' ou de 'fléau'.

Les causes des fléaux

Quand une personne commet délibérément les péchés, Dieu doit détourner son visage de lui. Alors, l'ennemi diable et Satan, peuvent lui apporter les fléaux. Les fléaux auront lieu si on désobéit à la parole de Dieu.

Si une personne ne renonce pas au péché mais y persiste, même après avoir souffert des fléaux et, par la suite, elle endurera d'autres encore plus grands, comme ce fut le cas des Égyptiens frappés par dix fléaux. Mais si cette personne se repent et rejette le mal, les fléaux disparaîtront vite grâce à la miséricorde de Dieu.

Les gens souffrent des fléaux à cause de leur mal, mais, parmi ces personnes qui souffrent, nous pouvons trouver deux groupes de gens.

D'une part, il y a ceux qui viennent à Dieu, essaient de se repentir et renoncent au péché à travers les fléaux. D'autre part, il y a ceux qui se plaignent toujours devant Dieu en disant: «Je passe souvent à l'église, je prie et je fais des offrandes, et pourquoi devrais-je souffrir d'un tel fléau?»

Dans ces deux cas, les conséquences seront complètement différentes. Dans le premier cas, le malheur sera rejeté et la miséricorde de Dieu affluera sur les personnes repenties. Mais dans le second cas, ces personnes ne se rendent pas compte du problème, alors des fléaux encore plus grands s'abattront sur elles.

Au cas où un homme aurait du mal dans son cœur, il lui serait difficile de reconnaître sa faute et d'y renoncer. Une telle personne a un cœur tellement endurci qu'elle n'ouvre pas la porte de son cœur, même après avoir entendu la bonne nouvelle. Même si cette personne a la foi, elle ne parvient pas à comprendre la parole de Dieu, elle va justement à l'église, mais sans changer.

Par conséquent, si vous souffrez d'un malheur, vous devez réaliser qu'il y a quelque chose de répréhensible aux yeux de Dieu. Alors, il faut y renoncer immédiatement pour s'éloigner du fléau.

Les chances données par Dieu.

Le Pharaon avait rejeté la parole de Dieu qui lui avait été livrée par Moïse. Il ne se résigna pas devant les fléaux mineurs qui lui avaient été infligés, alors il avait souffert d'autres encore plus grands. Quand il persista à faire le mal, à refuser d'obéir à Dieu, tout son pays devint trop faible pour pouvoir récupérer. Finalement, sa mort fut tragique. Combien il était stupide!

«Moïse et Aaron se rendirent ensuite auprès de Pharaon, et lui dirent: Ainsi parle l'Eternel, le Dieu d'Israël: Laisse aller mon peuple, pour qu'il célèbre au désert une fête en mon honneur» (Exode 5:1).

Lorsque Moïse demanda à Pharaon de laisser partir les Israélites, selon la parole de Dieu, le Pharaon refusa immédiatement.

«Pharaon répondit: Qui est l'Eternel, pour que j'obéisse à sa voix, en laissant aller Israël? Je ne connais point l'Eternel, et je ne laisserai point aller Israël» (Exode 5:2).

«Ils dirent: Le Dieu des Hébreux nous est apparu. Permets-nous de faire trois journées de marche dans le désert, pour offrir des sacrifices à l'Eternel, afin qu'il ne nous frappe pas de la peste ou de l'épée» (Exode 5:3).

Après avoir écouté Moïse et Aaron, le Pharaon déraisonna en accusant les Israélites qu'ils étaient paresseux et qu'ils pensaient à tout autre chose et non pas à leur travail. Il les persécuta d'un cruel labeur très dur. Auparavant, les Israélites devaient fabriquer des briques avec la paille qu'on leur donnait. Mais après, ils devaient exécuter le même nombre de briques, sans avoir de la paille. Ils devaient aller eux-mêmes la ramasser.

Ce n'était pas facile pour les Israélites de faire le même nombre de briques comme auparavant et se charger aussi de ramasser la paille. Nous pouvons voir quel cœur dur avait le Pharaon.

Comme leur dur labeur devint de plus en plus pénible et insupportable, Les Israélites commencèrent à se plaindre contre Moïse. Toutefois Dieu envoya Moïse à Pharaon de nouveau afin de montrer des signes. En lui présentant sa puissance divine, Dieu accorda au Pharaon, qui avait déjà désobéi à Sa Parole, une chance pour se repentir.

«Moïse et Aaron allèrent auprès de Pharaon, et ils firent ce que l'Eternel avait ordonné. Aaron jeta sa verge devant Pharaon et devant ses serviteurs; et elle devint un serpent» (Exode 7:10).

Le Pharaon n'avait pas connu Dieu. Alors, par l'intermédiaire de Moïse, Dieu, voulant témoigner au Pharaon qu'il est le Dieu Vivant, il transforma le bâton de Moïse en un serpent.

Spirituellement, le «serpent» se réfère à Satan. Pourquoi Dieu avait-il fait un serpent avec le bâton?

Le terrain sur lequel Moïse se trouvait et le bâton appartenaient à ce monde. Ce monde appartient à l'ennemi diable et Satan. Pour symboliser cet état de fait, Dieu fit un serpent. Cela pour nous dire que ceux qui ne sont pas droits devant Dieu vont toujours recevoir les œuvres de Satan.

Le Pharaon s'était dressé contre Dieu, et par conséquent, Dieu ne pouvait pas le bénir. C'est pourquoi Dieu fit apparaître un serpent qui représentait Satan. Dieu voulait annoncer qu'il y aurait des œuvres de Satan. Les fléaux suivants, à savoir les fléaux du sang, des grenouilles, et des moustiques étaient tous accomplis par les œuvres de Satan.

Donc, la transformation d'un bâton en un serpent est une étape où certaines petites choses ont lieu afin que l'homme sensible puisse le remarquer. Cela pourrait même s'attribuer à une certaine coïncidence. C'est une étape où il n'y a pas de véritables préjudices. C'est une chance donnée par Dieu pour se repentir.

Le Pharaon fait intervenir les magiciens d'Égypte

Quand le Pharaon vit le bâton d'Aaron se transformer en un serpent, il appela les sages et les sorciers de l'Égypte.

Ils étaient des magiciens dans le palais et ils avaient fait de nombreux tours de magie devant le roi pour le divertir. Grâce à la magie, ils parvinrent à être des fonctionnaires dans le palais. En outre, parce qu'ils l'avaient hérité de leurs ancêtres, ils naquirent avec ce genre de tempérament.

Même aujourd'hui, et devant tant de gens, certains magiciens passent à travers la Grande Muraille de Chine ou font disparaître la Statue de la Liberté. En outre, certaines personnes s'entraînent à pratiquer le yoga pour une longue durée, et ainsi, elles peuvent dormir sur une branche très fine, ou même rester, pendant plusieurs jours, dans un seau.

Certaines de ces œuvres de magie se fondent sur la tromperie visuelle. Ces personnes s'entraînent à faire des choses étonnantes et impressionnantes. Alors, combien étaient puissants ces sorciers, qui jouaient devant le roi pour de nombreuses générations! Surtout dans leur cas, ils devraient développer leur capacité pour avoir des contacts avec les mauvais esprits.

Certaines sorcières en Corée ont des contacts avec les démons, et elles dansent sur une lame de tondeuse à gazon très tranchante, sans ressentir aucune douleur. Les sorciers du Pharaon avaient également eu des contacts avec les mauvais esprits et avaient montré toutes sortes de choses étonnantes.

Les sorciers en Egypte s'étaient entraînés pendant une longue période, et par l'illusion et la duperie, ils avaient jeté un bâton, le faisant apparaître comme un serpent.

Ceux qui ne reconnaissent pas le Dieu vivant

Quand Moïse jeta son bâton et fit un serpent, Pharaon conçut, à l'instant même, que Dieu existe et que le Dieu d'Israël est le vrai Dieu. Mais quand il vit que les sorciers avaient fait un serpent, il ne crut pas en Dieu.

Les serpents faits par les sorciers furent dévorés par le serpent d'Aaron; mais le Pharaon pensa que c'était une coïncidence.

Dans la foi, il n'y a pas de hasard. Mais dans le cas d'un nouveau croyant qui vient d'accepter le Seigneur, il peut y avoir de nombreuses œuvres de Satan qui interviennent afin de l'empêcher de croire en Dieu. Ensuite, beaucoup de personnes considèrent cela comme une sorte de coïncidence.

En outre, certains croyants qui viennent d'accepter le Seigneur reçoivent les solutions à leurs problèmes grâce à l'aide de Dieu. Au début, ils reconnaissent la puissance de Dieu, mais comme le temps passe, ils pensent qu'il s'agit d'une coïncidence.

Tout comme le Pharaon fut le témoin de l'œuvre de Dieu transformant le bâton en serpent, mais n'a pas reconnu Dieu, il y a des gens qui refusent d'accepter le Dieu vivant. Même après avoir expérimenté les œuvres de Dieu, pour eux, toute chose est une coïncidence.

Certaines personnes croient complètement en Dieu, tout simplement en expérimentant l'œuvre de Dieu une seule fois. D'autres personnes, après avoir reconnu Dieu au début, pensent plus tard que leurs problèmes étaient résolus par leur propre capacité, leurs connaissances, leurs expériences, ou même grâce à l'aide des voisins. De telles personnes considèrent l'œuvre de Dieu comme une coïncidence.

Ainsi, Dieu tourne sa Face loin d'eux. Par conséquent, le problème qui avait été résolu pourrait avoir lieu encore.

Dans le cas d'une maladie qui a été guérie, elle peut survenir de nouveau, ou même devenir plus grave. En cas de problème dans les affaires, d'autres plus grands peuvent surgir.

Lorsque nous considérons la réponse de Dieu comme une simple coïncidence, cela va nous amener à rester loin de Dieu. Ensuite, le même problème, qui nous tracassait, pourrait émerger de nouveau ou même nous pourrions tomber dans des situations encore plus difficiles; c'est ce qui s'était passé avec le Pharaon.

Puisqu'il avait considéré les œuvres de Dieu juste comme une coïncidence, il avait commencé à endurer de véritables fléaux.

«*Le cœur de Pharaon s'endurcit, et il n'écouta point Moïse et Aaron selon ce que l'Eternel avait dit*» (Exode 7:13).

Chapitre 3

Fléaux du sang, des grenouilles et des moustiques

Exode 7:20-8:19

«Moïse et Aaron firent ce que l'Eternel avait ordonné. Aaron leva la verge, et il frappa les eaux qui étaient dans le fleuve, sous les yeux de Pharaon et sous les yeux de ses serviteurs; et toutes les eaux du fleuve furent changées en sang» (Exode 7:20).

«L'Eternel dit à Moïse: Dis à Aaron: Etends ta main avec ta verge sur les rivières, sur les ruisseaux et sur les étangs, et fais monter les grenouilles sur le pays d'Egypte. Aaron étendit sa main sur les eaux de l'Egypte; et les grenouilles montèrent et couvrirent le pays d'Egypte» (Exode 8:1-2).

«L'Eternel dit à Moïse: «Dis à Aaron: 'Tends ton bâton et frappe la poussière de la terre.' Elle se changera en moustiques dans toute l'Egypte.» C'est ce qu'ils firent. Aaron tendit la main avec son bâton et frappa la poussière de la terre. Elle fut changée en moustiques sur les hommes et sur les animaux. Toute la poussière de la terre fut changée en moustiques, dans toute l'Egypte» (Exode 8:12-13, version Segond 21).

«Et les magiciens dirent à Pharaon: «C'est le doigt de Dieu!» Le cœur de Pharaon s'endurcit, et il n'écouta point Moïse et Aaron, selon ce que l'Eternel avait dit» (Exode 8:15).

Dieu dit à Moïse que le cœur du Pharaon s'endurcirait, et qu'il refuserait de laisser partir les Israélites, même après avoir vu le bâton se transformer en serpent. Puis, Dieu annonça à Moïse ce qu'il devait faire en détail.

«Va vers Pharaon dès le matin; il sortira pour aller près de l'eau, et tu te présenteras devant lui au bord du fleuve. Tu prendras à ta main la verge qui a été changée en serpent» (Exode 7:15).

Moïse rencontra le Pharaon qui se promenait au bord du Nil. Il fit comme Dieu lui demanda: il se tint devant le Pharaon en tenant dans sa main le bâton transformé en serpent.

«Et tu diras à Pharaon: L'Eternel, le Dieu des Hébreux, m'a envoyé auprès de toi, pour te dire: Laisse aller mon peuple, afin qu'il me serve dans le désert. Et voici, jusqu'à présent tu n'as point écouté. Ainsi parle l'Eternel: A ceci tu connaîtras que je suis l'Eternel. Je vais frapper les eaux du fleuve avec la verge qui est dans ma main; et elles seront changées en sang. Les poissons qui sont dans le fleuve périront, le fleuve se corrompra, et les Egyptiens s'efforceront en vain de boire l'eau du fleuve» (Exode 7:16-18).

Le fléau de sang

L'eau est un élément vital qui se trouve dans notre entourage, elle est directement liée à notre vie. Soixante-dix pour cent du corps humain est constitué d'eau; c'est un élément qui est absolument essentiel pour tous les êtres vivants.

Aujourd'hui, face à la croissance démographique mondiale et au développement économique, de nombreux pays souffrent du manque d'eau. L'ONU a adopté la «Journée mondiale de l'eau» pour que les pays se rendent compte de l'importance de l'eau. Cette campagne est pour encourager les gens afin de rendre efficace l'usage limité des ressources d'eau.

L'ancienne Chine avait un ministre de régularisation des eaux. Nous pouvons facilement voir l'eau partout autour de nous, mais parfois nous ne voyons pas que l'eau est d'une grande importance dans notre vie.

Quel grand problème serait-il, si toute l'eau dans le pays se transformait en sang! Le Pharaon et les Egyptiens avaient affronté une telle situation ahurissante. Le Nil s'était transformé en sang.

Mais le Pharaon endurcit son cœur et n'écouta pas la parole de Dieu, car il avait vu ses sorciers, eux aussi, transformer l'eau en sang.

Moïse avait montré au Pharaon le Dieu vivant; mais le Pharaon avait considéré ce qui s'était passé comme une coïncidence et il avait refusé d'accepter cela. Ainsi, dans la mesure où le Pharaon avait le mal, un fléau s'abattait sur lui.

Moïse et Aaron firent seulement ce que l'Éternel avait commandé. Devant le Pharaon et ses serviteurs, Moïse souleva le bâton et frappa l'eau du Nil et toute l'eau fut transformée en sang.

Par la suite, les Égyptiens devraient creuser autour du Nil pour obtenir de l'eau potable. Ce fut le premier fléau.

Le sens spirituel du fléau de sang

Maintenant, quelle est la signification spirituelle du fléau de sang?

La plus grande partie de l'Égypte est désertique et sauvage. Par conséquent, le Pharaon et son peuple avaient dû beaucoup souffrir, puisque leur eau potable fut transformée en sang.

Non seulement l'eau potable et l'eau de la vie quotidienne étaient devenues mauvaises, mais aussi les poissons moururent dans l'eau, et il y avait une odeur fétide. La gêne était grande.

En ce sens, le fléau de sang se réfère spirituellement aux souffrances provoquées par des choses qui sont directement liées à notre vie quotidienne. Il s'agit de tout ce qui est irritant et douloureux, venant des personnes les plus proches autour de nous, comme les membres de la famille, les amis et les collègues.

En ce qui concerne notre vie chrétienne, ce fléau peut être quelque chose comme les persécutions ou les épreuves provenant de nos amis les plus intimes, de nos parents, de nos proches ou même de nos voisins. Bien sûr, ceux qui ont de plus grandes mesures de foi vont les surmonter plus facilement, mais ceux dont la foi est faible vont souffrir de grandes douleurs dues aux persécutions et aux épreuves.

Les épreuves venant sur ceux qui sont méchants

Quand nous faisons face aux épreuves, deux cas se présentent.

En premier lieu, le premier cas naît quand on ne vit pas selon la parole de Dieu. À ce moment, si nous nous repentons rapidement et nous nous détournons vers le bon chemin, Dieu emportera les épreuves.

Jacques 1:13-14 dit: *«Que personne, lorsqu'il est tenté, ne dise: C'est Dieu qui me tente. Car Dieu ne peut être tenté par le mal, et il ne tente lui-même personne. Mais chacun est tenté quand il est attiré et amorcé par sa propre convoitise.»*

Si nous sommes confrontés à des difficultés, c'est parce que nous sommes attirés par nos désirs et que nous ne vivons pas selon la Parole de Dieu. Et alors, l'ennemi diable nous apporte des épreuves.

En second lieu, parfois, nous essayons d'être fidèles dans notre vie chrétienne, mais nous restons toujours confrontés à certaines épreuves. Ce sont les œuvres de Satan qui nous tentent, cherchant à nous perturber et à ébranler notre foi.

Dans ce cas, si nous cédons, les difficultés seront plus grandes, et nous ne serons pas en mesure de recevoir des bénédictions. Certaines personnes perdent le peu de foi qu'elles avaient et reviennent dans le monde.

Quoi qu'il en soit, les deux cas en question résultent du mal que nous avons en nous. Ainsi, nous devons trouver, consciencieusement, le mal en nous et s'en détourner. Nous devons prier avec foi et remercier Dieu. Nous pouvons alors surmonter les épreuves.

Tout comme le serpent de Moïse engloutit les serpents des magiciens, le monde de Satan est également sous le contrôle de Dieu. Lorsque Dieu appela Moïse, Il lui avait montré un signe en transformant un bâton en un serpent qui, de nouveau, redevient bâton (Exode 4:4). Cela symbolise que, même si nous sommes tentés à travers les œuvres de Satan, si nous montrons notre foi, en comptant totalement sur Dieu, le Seigneur permettra que tout redevienne normal.

Au contraire, si nous cédons, ce ne sera pas la foi, et ensuite, nous ne pourrons pas expérimenter les œuvres de Dieu. Si nous sommes confrontés à une épreuve, il faudra compter complètement sur Dieu et voir l'oeuvre de Dieu: par sa puissance, il enlèvera toute épreuve.

Tout est sous le contrôle de Dieu. Ainsi, toute épreuve, qu'elle soit petite ou grande, n'aura plus d'importance, si nous comptons sur Dieu et nous obéissons totalement à Sa parole. Dieu Lui-même va résoudre le problème et, dans toute chose, il va nous mener vers la prospérité.

Il est important de savoir que si le malheur est mineur, on pourra le surmonter très facilement, mais dans le cas d'un grand fléau, il n'est pas facile de le dominer totalement. Par conséquent, nous devons toujours avoir recours à la Parole de vérité, rejeter le mal sous toutes ses formes, et vivre selon la Parole de Dieu, de sorte que nous n'affrontions aucun fléau.

Les épreuves des hommes de foi ont pour but la Bénédiction

Parfois, il y a des cas exceptionnels. Même ceux qui ont une grande foi peuvent affronter des épreuves. L'apôtre Paul, Abraham, Daniel et ses trois amis, ainsi que Jérémie, tous avaient subi des épreuves. Même Jésus avait été tenté trois fois par le diable.

De même, les épreuves, que peuvent affronter ceux qui ont la foi, sont pour les bénédictions. Si ces croyants ne se lamentent pas, mais se réjouissent, rendent grâces à Dieu et comptent totalement sur lui, les épreuves se transformeront en bénédictions, et ils peuvent donner gloire à Dieu.

En effet, ceux qui ont la foi peuvent rencontrer des épreuves, et cela afin de recevoir des bénédictions en les surmontant. Toutefois, ces croyants ne seront jamais confrontés à un fléau. Or, les fléaux frapperont la personne qui commet des fautes et des erreurs devant Dieu.

Par exemple, l'apôtre Paul avait été tant persécuté pour le Seigneur; mais par la persécution, il avait reçu plus de puissance et avait joué un rôle crucial dans l'évangélisation de l'Empire romain comme l'apôtre des Gentils.

Daniel n'avait pas cédé aux complots tramés par les mauvaises personnes jalouses de lui. Il n'avait pas cessé de prier, et il fit toujours preuve de droiture. En définitive, il fut jeté dans la fosse aux lions, mais il n'avait pas été du tout touché. Il avait rendu grande gloire à Dieu.

Quand son peuple avait commis des péchés devant Dieu, Jérémie pleurait et avertissait les gens en versant des larmes. Pour cela, il avait été battu et emprisonné. Mais quand Jérusalem fut conquise par Nebucadnetsar, roi de Babylone, et que tant de personnes furent tuées et prises comme captives, Jérémie fut sauvé et bien traité par le roi.

Par la foi, Abraham avait surmonté l'épreuve d'offrir son fils, Isaac; pour qu'il soit appelé l'ami de Dieu. Il avait reçu ces grandes bénédictions, dans l'esprit et dans le corps, que même le roi d'une nation le reçut avec honneur.

Comme expliqué, dans la plupart des cas, nous affrontons les épreuves à cause du mal qui se trouve en nous. Mais, il y a aussi des cas exceptionnels où les hommes de Dieu passent par des épreuves dans leur foi; toutefois ces épreuves engendrent des bénédictions.

Le fléau des grenouilles

Sept jours s'écoulaient après que les eaux du fleuve furent changées en sang. Cependant, le Pharaon endurcit son cœur. Puisque ses sorciers firent comme Moïse et transformèrent l'eau en sang, le Pharaon refusa de laisser partir le peuple d'Israël.

Le Pharaon devait se préoccuper de l'inconfort de son peuple qui souffrait du manque d'eau, comme tout roi d'une nation, mais il n'avait vraiment manifesté aucune sollicitude inquiète, parce que son cœur était endurci.

En raison de ce cœur endurci du Pharaon, le second fléau fut infligé à l'Egypte.

> «*Et le fleuve fourmillera de grenouilles, et elles monteront et entreront dans ta maison, et dans la chambre où tu couches, et sur ton lit, et dans la maison de tes serviteurs, et parmi ton peuple, et dans tes fours et dans tes huches. Et les grenouilles monteront sur toi, et sur ton peuple, et sur tous tes serviteurs*» (Exode 8:3-4, Version Darby).

Comme Dieu l'avait annoncé à Moïse, lorsqu'Aaron étendit sa main avec son bâton sur les eaux de l'Égypte, un immense nombre de grenouilles couvrit le pays d'Égypte. Ensuite, les magiciens, par leurs sortilèges, en firent de même.

Excepté l'Antarctique, il y a plus de 400 sortes de grenouilles dans le monde entier. Leurs tailles varient entre 2,5 cm et 30 cm.

Certaines personnes mangent des grenouilles, mais habituellement les gens sont surpris ou se sentent dégoûtés à la vue des grenouilles. Les grenouilles ont les yeux exorbités et n'ont pas de queue. Leurs pattes de derrière sont palmées et leur peau est toujours humide. Tous ces détails provoquent des sentiments de malaise.

Il ne s'agit pas de quelques grenouilles, deux ou trois, mais d'innombrables grenouilles qui couvrirent le pays tout entier. Ces grenouilles avaient grimpé sur les tables à manger et sautaient dans les parages, dans les chambres et sur les lits. Les Égyptiens ne pouvaient même pas penser à savourer un repas ou à bien se reposer en paix.

Le sens spirituel du fléau des grenouilles

Alors, quelle est la signification spirituelle du fléau des grenouilles?

Dans le Livre de l'Apocalypse 16:13, se trouve une expression, *«trois esprits impurs, semblables à des grenouilles»*. Les grenouilles sont l'un des animaux les plus détestables, et spirituellement, ces animaux se réfèrent à Satan.

Les grenouilles entraient dans le palais du roi, les maisons des ministres et des peuples. Cela signifie que ce fléau fut infligé à tout le monde de la même manière, sans se soucier de leurs positions sociales.

En outre, les grenouilles étaient arrivées jusqu'aux lits; cela signifie qu'il y aurait des problèmes entre les époux et les épouses.

Par exemple, supposons que la femme est croyante, mais son mari ne l'est pas et il a une liaison clandestine. Puis, une fois sa situation est dévoilée, il donne des excuses telle que: «C'est parce que tu restes tout le temps à l'église».

Si la femme croit son mari, qui blâme l'église en la considérant cause de leurs problèmes personnels, et s'éloigne de Dieu, ce sera un problème causé par 'Satan dans la chambre'.

Les gens font face à ce genre de calamité, car ils ont des formes du mal. Ils semblent mener une bonne vie dans la foi, mais dès qu'ils sont confrontés à des épreuves, leur cœur se trouve agité. Leur foi et leur espoir du ciel disparaissent. De même, leur joie et leur paix s'effacent et ils craignent regarder la réalité de leur situation.

Mais si ces personnes éprouvent vraiment l'espoir du ciel et de l'amour divin, et si elles ont la vraie foi, elles ne souffriront pas à cause des difficultés affrontées sur cette terre. Mais, plutôt, elles les surmonteront et commenceront à recevoir des bénédictions.

Les grenouilles entraient dans les fours et les pétrins. Les pétrins désignent notre pain quotidien, et le four se réfère à notre lieu de travail ou au domaine d'activité. Cela se réfère à tous les moyens de Satan qui cherche à causer les embarras au sein des familles, dans les lieux du travail, dans les domaines d'activité et même dans l'alimentation quotidienne. Donc tout le monde peut se trouver dans des situations difficiles et stressantes.

Dans ce genre de situation, certaines personnes ne peuvent pas surmonter les épreuves pensant que: «Ces épreuves viennent me tracasser à cause de ma foi en Jésus.» Et ainsi, elles vont retourner dans le monde et s'écarter de la voie du salut et de la vie éternelle.

Mais si ces personnes se rendent compte que les difficultés sont la conséquence de leur manque de foi et de formes de mal et, si elles s'en repentent, les œuvres troublantes de Satan n'auront plus lieu et Dieu les aidera à surmonter les difficultés.

Si nous avons vraiment la foi, ni les épreuves ni les calamités ne présenteront des problèmes pour nous. Même si nous allons faire face à des épreuves, mais si nous nous réjouissons, rendons grâce à Dieu, restons toujours aux aguets et prions, tous les problèmes pourront être résolus.

> *«Et le Pharaon appela Moïse et Aaron, et dit: Suppliez l'Éternel, afin qu'il retire les grenouilles de moi et de mon peuple; et je laisserai aller le peuple, et ils sacrifieront à l'Éternel»* (Exode 8:8, Version Darby).

Le Pharaon demanda à Moïse et Aaron d'ôter les grenouilles qui avaient envahi l'ensemble du pays. Grâce à la prière de Moïse, les grenouilles étaient mortes dans les maisons, les cours, et les champs.

Le peuple les amassa par monceaux, et la terre devint puante.

Alors, le peuple fut soulagé. Or, comme le Pharaon vit qu'il y avait du relâche, il se ravisa. Il avait promis d'envoyer le peuple d'Israël, si les grenouilles furent enlevées; cependant, il changea d'avis.

> *«Et le Pharaon vit qu'il y avait du relâche, et il endurcit son cœur, et ne les écouta pas, comme avait dit l'Éternel»* (Exode 8:15, Version Darby).

«Durcir son cœur» signifie que le Pharaon était têtu. Même après avoir vu une série d'œuvres de Dieu, le Pharaon n'écouta pas Moïse. Par suite, un autre fléau s'abattit sur l'Égypte.

Le fléau des moustiques

Dans Exode 8:16, l'Éternel dit à Moïse: *«Dis à Aaron: Étends ta verge, et frappe la poussière de la terre, et elle deviendra des moustiques dans tout le pays d'Égypte»* (Version Darby).

Lorsque Moïse et Aaron firent ce qui leur avait été dit, la poussière de la terre devint des moustiques dans tout le pays d'Égypte.

À leur tour, les magiciens essayaient avec leurs enchantements de produire les moustiques, mais ils ne parvinrent pas. Finalement, ils réalisèrent qu'une telle oeuvre ne pourrait pas être exécutée par la seule puissance de l'homme, et ils avouèrent cela au roi.

«C'est le doigt de Dieu» (Exode 8:19, Version Darby).

Jusqu'à ce moment-là, les magiciens pouvaient faire des choses similaires à celles qui furent réalisées par Moïse et Aaron: la transformation d'un bâton en un serpent, le changement de l'eau en sang, et la transportation des grenouilles. Mais ils ne pouvaient plus faire autres choses.

En fin de compte, ils devaient reconnaître la puissance de Dieu qui se manifesta à travers Moïse. Mais Pharaon endurcit son cœur de plus en plus et n'écouta pas Moïse.

Sens spirituel du fléau des moustiques

En hébreu, le terme «Kinim» peut avoir plusieurs sens; il peut être traduit en «poux, puces, ou moustiques». De tels insectes sont, généralement, de petite taille et vivent dans des endroits sales. Ils collent au corps de l'homme ou celui des animaux et sucent le sang. On les trouve habituellement dans les cheveux, les vêtements, ou les fourrures des animaux. Il y a plus de 3300 différentes sortes de moustiques.

Quand ces insectes sucent le sang du corps humain, ils causent une sensation de démangeaison. Cela peut également provoquer une infection secondaire comme la fièvre récurrente et le typhus éruptif.

Aujourd'hui, nous ne pouvons pas facilement trouver les moustiques dans les villes propres, mais il y a de nombreux insectes

qui vivent sur le corps humain en raison du manque d'hygiène.
Alors, que signifie, spécifiquement, le fléau des moustiques?

La poussière de la terre fut changée en moustiques. La poussière est une toute petite chose qui peut être emportée par le souffle. Sa taille varie de 3-4μm (micromètre) à 0,5 mm.

Exactement comme toute chose presque insignifiante, telle que la poussière qui devient des moustiques vivants, suçant le sang et causant les difficultés et les souffrances, le fléau des moustiques symbolise les cas où de petites choses insignifiantes surgissent subitement et se métamorphosent en de gros problèmes provoquant des souffrances et des douleurs.

Habituellement, la démangeaison cause une souffrance moins douloureuse relativement à d'autres maladies, mais elle est très irritante. En outre, comme les moustiques vivent dans des endroits sales, le fléau des moustiques frappe le lieu où il y a une certaine forme de mal.

Par exemple, un simple désaccord passager entre des frères ou entre un mari et sa femme pourrait se développer et dégénérer en conflit. Quand ils parlent d'une petite chose, arrivée dans le passé, elle pourrait aussi évoluer et devenir un grand problème. Il s'agit également d'un fléau de moustiques.

Quand ces formes du mal, telle que l'envie et la jalousie dans le cœur, grandissent pour se métamorphoser en haine, quand on ne parvient pas à se maîtriser et on se met en colère contre quelqu'un, quand les petits mensonges d'une personne se développent en d'autres plus grands dans le but de les cacher, ce sont tous des exemples du fléau de moustiques.

Si, une personne a, dans le cœur, un certain mal latent, ensuite des afflictions, elle pourra sentir que la vie chrétienne est difficile. Une maladie bénigne peut frapper cette personne. Ces choses-là sont aussi des fléaux de moustiques. Si nous avons de la fièvre subite ou un rhume, si nous avons de simples querelles et des problèmes, nous devrons rapidement nous examiner et nous repentir.

À présent, que signifie l'expression: «les moustiques furent sur les animaux»? Les animaux sont des êtres vivants, et durant cette période-là, le nombre d'animaux, ainsi que celui des terres, était une mesure de richesse. Le roi, les ministres, et les gens avaient des vignes et élevaient le bétail.

Aujourd'hui, quels sont nos biens? Non seulement les maisons, les terres, le commerce ou même le lieu de travail, mais aussi les membres de la famille font partie de nos «biens». Et puisque les animaux sont des êtres vivants, ils désignent les membres de la famille qui vivent ensemble.

«Les moustiques furent sur les hommes et sur les bêtes» signifie que les problèmes, qui peuvent croître au fur et à mesure, ne causent pas seulement notre propre souffrance, mais aussi celle des membres de notre famille.

De tels exemples représentent des cas où les enfants souffrent à cause des actes répréhensibles de leurs parents, ou le mari souffre à cause de la faute de sa femme.

En Corée, beaucoup de petits enfants souffrent d'une dermatite atopique. Elle débute avec peu de démangeaisons, et puis elle se propage rapidement sur tout le corps à cause des excrétions provenant des éruptions de la peau et des furoncles.

Dans de graves cas, la peau de certains enfants présente des gerçures, de la tête aux pieds. Comme leur peau est déchirée, elle va être couverte par le pus et le sang.

Quand les parents voient leurs enfants dans une situation pareille, ils auront le cœur brisé parce qu'ils ne peuvent vraiment rien faire dans une telle situation.

En outre, lorsque les parents se mettent en colère, parfois, leurs petits enfants ont une fièvre qui surgit promptement. Dans de nombreux cas, les maladies de petits enfants ont comme origine les actes déplorables de leurs parents.

Dans cette situation, si les parents vérifient leur vie et s'ils se repentent du fait de ne pas remplir leur devoir correctement, de ne pas être en paix avec les autres, et de tout ce qui n'était pas droit aux yeux de Dieu, les enfants seront bientôt guéris.

Nous pouvons voir que c'est aussi l'amour de Dieu qui permet de telles choses. Le fléau des moustiques nous frappe, quand nous avons des formes de mal. Ainsi, nous ne devrons pas parler de coïncidence, même dans le cas de petits problèmes. Par contre, il faut discerner les formes de mal en nous, nous en repentir immédiatement, et y renoncer.

Chapitre 4

Fléaux des mouches,
de la peste et des furoncles

Exode 8:21-9:11

«Et l'Éternel fit ainsi: et les mouches entrèrent en multitude dans la maison du Pharaon et dans les maisons de ses serviteurs, et dans tout le pays d'Égypte; — le pays fut ruiné par la mouche venimeuse» (8:24, Version Darby).

«Voici, la main de l'Eternel sera sur tes troupeaux qui sont dans les champs, sur les chevaux, sur les ânes, sur les chameaux, sur les bœufs et sur les brebis; il y aura une mortalité très grande. Et l'Eternel fit ainsi, dès le lendemain. Tous les troupeaux des Egyptiens périrent, et il ne périt pas une bête des troupeaux des enfants d'Israël» (9:3, 6).

«Ils prirent de la cendre de fournaise, et se présentèrent devant Pharaon; Moïse la jeta vers le ciel, et elle produisit sur les hommes et sur les animaux des ulcères formés par une éruption de pustules. Les magiciens ne purent paraître devant Moïse, à cause des ulcères; car les ulcères étaient sur les magiciens, comme sur tous les Egyptiens» (9:10-11)

Après avoir vu le fléau des moustiques, les magiciens égyptiens avaient reconnu la puissance de Dieu. Mais le Pharaon endurcit son cœur de plus en plus et n'écouta pas Moïse. La puissance de Dieu qui se manifesta jusqu'à ce moment-là devrait suffire pour que le Pharaon crût en Dieu. Mais il avait compté sur sa force et son autorité et s'était considéré lui-même comme un dieu, et il ne craignait pas Dieu.

Les fléaux avaient continué, cependant le Pharaon ne s'était pas repenti. Par contre, il endurcit son cœur encore plus. Ainsi, les fléaux devenaient de plus en plus grands. Jusqu'au moment où ils furent frappés par le fléau des moustiques, les égyptiens auraient pu récupérer immédiatement s'ils avaient renoncé à leur mal. Mais à ce stade, il leur fut de plus en plus difficile de pouvoir tout régler.

Le fléau des mouches

Moïse était allé voir le Pharaon tôt le matin, comme Dieu lui avait recommandé. Il avait, encore une fois, livré le message de Dieu de laisser partir le peuple d'Israël.

«Et l'Éternel dit à Moïse: Lève-toi de bon matin, et tiens-toi devant le Pharaon; voici, il sortira vers l'eau, et tu lui diras: Ainsi dit l'Éternel: Laisse aller mon peuple, pour qu'ils me servent» (Exode 8:20, Version Darby).

Néanmoins, le Pharaon n'avait pas écouté Moïse. Pour cela la calamité des mouches frappa les égyptiens. Ce malheur n'atteignit pas seulement le palais du Pharaon et les maisons des ministres, mais il envahit aussi toute l'Égypte. Le pays fut rempli par les mouches.

Les mouches sont nuisibles. Elles transmettent des maladies comme la typhoïde, le choléra, la tuberculose et la lèpre. La mouche domestique peut se reproduire n'importe où, même sur les déchets et les ordures du corps. Elles mangent n'importe quoi, de la nourriture ou même des déchets. Leur digestion est rapide et elles évacuent des déchets toutes les cinq minutes.

Différents types d'organismes pathogènes pourraient être laissés sur les denrées alimentaires des gens ou sur les ustensiles et peuvent entrer dans le corps humain. Leurs bouches et leurs pieds sont couverts par des liquides qui portent également des organismes pathogènes. Elles sont l'une des principales causes des maladies contagieuses.

Aujourd'hui, il y a beaucoup de moyens de prévention et des remèdes, et il n'y a pas beaucoup de maladies transmises par les mouches. Mais il y a bien longtemps, si une maladie contagieuse éclata, beaucoup de gens perdaient la vie. En plus, outre les maladies contagieuses, si les mouches viennent sur les aliments que nous mangeons, il sera difficile de les manger car ils ne seront pas propres.

Et il ne s'agit pas seulement d'une ou de deux mouches qui furent en Egypte; mais, des groupes innombrables envahirent tout le pays. Combien cela fut douloureux pour le peuple! Les gens devaient avoir eu peur juste en observant la scène tout autour d'eux.

Toute la terre d'Égypte fut ruinée par les essaims des mouches épouvantables. Cela signifie que l'insoumission, non seulement du Pharaon mais aussi de tous les Égyptiens, était étendue sur toutes les terres de l'Égypte.

Mais pour établir une distinction claire entre les Israélites et les Égyptiens, Dieu n'envoya point de mouches sur le pays de Gosen où les Israélites vivaient.

«Et le Pharaon appela Moïse et Aaron, et dit: Allez, sacrifiez à votre Dieu dans le pays» (Exode 8:25, Version Darby).

Avant que Dieu n'envoyât le premier fléau, il commanda à Moise d'aller avec le peuple hébreu dans le désert afin de lui présenter des sacrifices. Mais le Pharaon refusa et ordonna Moise d'aller sacrifier à Dieu dans le pays d'Égypte. Alors, Moïse refusa cette proposition et lui dit la raison.

«Il n'est pas convenable de faire ainsi; car nous sacrifierions à l'Éternel, notre Dieu, l'abomination des Égyptiens. Est-ce que nous sacrifierions l'abomination des Égyptiens devant leurs yeux, sans qu'ils nous lapidassent!» (Exode 8:26, Verson Darby).

Moïse insista et lui confirma qu'ils devaient aller dans le désert pendant trois jours et suivre seulement le commandement de Dieu. Comme réponse, Pharaon réclama de ne pas aller trop loin et lui demanda de prier pour lui aussi.

Alors, Moïse dévoila à Pharaon que les mouches allaient disparaître le lendemain, et le sollicita de tenir sa parole et laisser partir le peuple d'Israël.

Mais une fois les mouches retirées grâce à la prière de Moïse, le Pharaon changea d'avis et ne permit pas au peuple d'Israël de sortir de l'Égypte. Ainsi, nous pouvons comprendre combien le Pharaon était trompeur et rusé. Cela nous permet de percevoir pourquoi il devait sans cesse faire face aux fléaux.

Le sens spirituel du fléau des mouches

Exactement comme les mouches qui viennent des endroits impurs et transfèrent des maladies contagieuses, si le cœur d'un homme est mauvais et impur, il dira de mauvaises paroles et causera que de diverses maladies ou de problèmes incommodants viennent sur lui. C'est le fléau des mouches.

Ce genre de fléau ne frappe pas seulement la personne qui fait le mal, mais aussi sa femme / son mari et le lieu de travail. Dans Mathieu 15:18-19, nous lisons: «*Mais ce qui sort de la bouche vient du cœur, et c'est ce qui souille l'homme. Car c'est du cœur que viennent les mauvaises pensées, les meurtres, les adultères, les débauches, les vols, les faux témoignages, les calomnies.*»

Tout ce qui est dans le cœur des hommes sort par la bouche. Les bonnes paroles sortent d'un bon cœur, mais les mauvaises sortiront des cœurs impurs. Si nous avons le mensonge et la ruse, la haine et la colère, nous prononcerons de mauvaises paroles et nous aurons des comportements avilissants.

Calomnie, jugement, condamnation, et blasphème viennent tous d'un cœur mauvais et impur. C'est pourquoi Mathieu 15:11 dit: *«ce n'est pas ce qui entre dans la bouche qui souille l'homme; mais ce qui sort de la bouche, c'est ce qui souille l'homme.»*

Même les non-croyants disent des choses comme, «les paroles tombent comme des graines», ou «une fois que vous renversez de l'eau, vous ne pouvez plus le remettre».

Vous ne pouvez pas annuler ce que vous avez dit. L'aveu des lèvres est très important, surtout dans la vie d'un chrétien. Les paroles que vous prononcez pourraient avoir des conséquences bénéfiques ou néfastes sur votre personne, selon qu'elles soient positives ou négatives.

Que nous ayons un rhume ou une simple maladie contagieuse, cela dépend de la catégorie du fléau des mouches. Donc, si nous nous repentons immédiatement, nous pouvons récupérer. Mais dès que le fléau des mouches s'abat sur nous, nous ne pouvons pas récupérer immédiatement, même si nous nous repentons. Du moment où ce malheur nous arrive à cause d'un mal plus grand que dans le cas du fléau des moustiques, nous aurons à faire face aux représailles.

Par conséquent, si nous sommes confrontés à un tel fléau des mouches, nous devons jeter un regard sur ce qui s'est passé avec nous et nous repentir complètement de mauvaises paroles et de tout ce qui est répréhensible. C'est seulement après notre repentir que le problème pourra être résolu.

Dans la Bible, nous pouvons trouver des personnes qui furent châtiées pour leurs mauvaises paroles. Ce fut le cas de Mical, fille du roi Saül et épouse du roi David. Dans le second livre de Samuel, chapitre 6, lorsque l'Arche de l'Éternel avait été ramenée à la ville de David, David était si heureux et avait dansé devant tout le monde.

L'Arche de l'Éternel était un symbole de la présence de Dieu. Elle fut prise par les Philistins pendant le temps des juges, mais avait été récupérée. L'Arche ne pouvait pas rester dans le tabernacle, et elle demeura temporairement à Kirjath-Jearim pendant 70 années environ. David était capable de déplacer l'Arche du tabernacle à Jérusalem, après qu'il fut sur le trône. Il était si heureux.

Non seulement David, mais tous les peuples d'Israël se réjouissaient ensemble et avaient loué Dieu. Cependant, Mical, qui devait se réjouir avec son mari, regarda de haut le roi et le méprisa.

«Quel honneur aujourd'hui pour le roi d'Israël de s'être découvert aux yeux des servantes de ses serviteurs, comme se découvrirait un homme de rien!» (2 Samuel 6:20)

Alors, qu'avait-il dit David?

«C'est devant l'Eternel, qui m'a choisi de préférence à ton père et à toute sa maison pour m'établir chef sur le peuple de l'Eternel, sur Israël, c'est devant l'Eternel

que j'ai dansé. Je veux paraître encore plus vil que cela, et m'abaisser à mes propres yeux; néanmoins je serai en honneur auprès des servantes dont tu parles» (2 Samuel 6:21-22).

Comme Mical avait prononcé de telles paroles méprisables, elle n'avait pas eu d'enfants jusqu'au jour de sa mort.

De même, les gens commettent tant de péchés avec leurs lèvres; mais ils ne réalisent même pas que leurs paroles sont des péchés. À cause des iniquités prononcées, des châtiments leur sont infligés, sans savoir pourquoi. Cela touche leur lieu de travail, les entreprises et même leurs familles. Dieu nous parle également de l'importance des paroles.

«Il y a dans le péché des lèvres un piège pernicieux, Mais le juste se tire de la détresse. Par le fruit de la bouche on est rassasié de biens, Et chacun reçoit selon l'oeuvre de ses mains» (Proverbes 12:13-14).

«Par le fruit de la bouche on jouit du bien; Mais ce que désirent les perfides, c'est la violence. Celui qui veille sur sa bouche garde son âme; Celui qui ouvre de grandes lèvres court à sa perte» (Proverbes 13:2-3).

«La mort et la vie sont au pouvoir de la langue; Quiconque l'aime en mangera les fruits» (Proverbes 18:21).

Nous devons comprendre quelles sortes de conséquences causent les mauvaises paroles qui sortent de nos lèvres. C'est pourquoi, nous ne devons prononcer que des paroles positives, des paroles bonnes et merveilleuses, des paroles de justice et de lumière, et des confessions de foi.

Le fléau de la peste

Même après avoir souffert de la calamité des mouches, le Pharaon endurcit son cœur de plus en plus et refusa de laisser partir les Israélites.

Alors, Dieu avait permis que le fléau de la peste se produisit. Mais, juste avant, il avait envoyé Moïse pour transmettre sa volonté.

«Si tu refuses de le laisser aller, et si tu le retiens encore, voici, la main de l'Éternel sera sur tes troupeaux qui sont dans les champs, sur les chevaux, sur les ânes, sur les chameaux, sur les boeufs et sur les brebis; il y aura une mortalité très grande. L'Éternel distinguera entre les troupeaux d'Israël et les troupeaux des Égyptiens, et il ne périra rien de tout ce qui est aux enfants d'Israël» (Exode 9:2-4).

Pour leur faire comprendre que ce n'était pas une coïncidence, mais un fléau envoyé par la puissance divine, Dieu avait assigné une date précise, en disant: «Demain, l'Éternel fera cela dans le pays».

De cette façon, Dieu leur avait accordé des chances pour se repentir.

S'il avait reconnu la puissance de Dieu, si peu que ce soit, le Pharaon aurait changé d'avis et ainsi, il n'aurait pas subi d'autres calamités.

Mais il ne revint pas sur sa décision prise. En conséquence, la peste les frappa, et le bétail qui se trouvait dans le champ– chevaux, ânes, chameaux, bœufs et brebis– mourut.

Toutefois «des troupeaux des fils d'Israël, il n'en mourut pas une bête». Dieu avait voulu que les Égyptiens comprissent qu'il est vivant et qu'ils accomplissent sa parole. Le Pharaon avait très bien compris cela, mais il endurcissait son cœur de plus en plus et ne renonça pas à sa décision.

Sens spirituel du fléau de la peste

La peste est une maladie qui se propage rapidement et tue un grand nombre de personnes ou d'animaux. À ce moment-là, tout le bétail en Egypte mourut, et on peut imaginer combien il y eut de dégâts.

Par exemple, la peste noire ou la peste bubonique, qui avait prévalu en Europe au XIVe siècle, était en fait une épidémie qui frappait les animaux comme les écureuils et les rats. Mais les gens furent contaminés à cause des puces, provoquant ainsi tant de morts. Comme cette maladie était très contagieuse et que la science médicale n'était pas assez développée, elle avait coûté la vie de tant de gens.

Les bétails comme les troupeaux sauvages de bovins et de chevaux, ainsi que les troupeaux domestiques de moutons et de chèvres constituaient une grande partie de la richesse de gens. Ainsi, le bétail symbolisait les biens du Pharaon, des ministres, et du peuple. Les bétails sont des êtres vivants et, de nos jours, ce terme «bétail» se réfère aux membres de notre famille, à nos collègues et amis qui sont chez nous, dans notre foyer ou le lieu de travail.

La cause de la peste, qui frappa les bétails de l'Égypte, ce fut la méchanceté du Pharaon. Par conséquent, spirituellement parlant, le fléau de la peste symbolise les maladies qui affectent les membres de notre famille si nous faisons le mal et si Dieu tourne son visage loin de nous.

Par exemple, lorsque les parents désobéissent à Dieu, leurs bien-aimés enfants, peuvent attraper une maladie difficile à guérir. Ou, une femme mariée peut tomber malade à cause de la méchanceté de son époux. Lorsque ce genre de calamité nous frappe, non seulement nous devons nous examiner, mais aussi tous les membres de la famille doivent se repentir.

Dans Exode 20:4, et jusqu'à la fin de ce chapitre, il est dit que le châtiment de l'idolâtrie s'étendra sur trois à quatre générations.

Bien sûr, Dieu d'amour ne châtiera pas subitement, dans tous les cas. Si les enfants ont un bon cœur, s'ils acceptent Dieu et vivent dans la foi, ils n'auront pas à affronter les fléaux causés par les péchés de leurs parents.

Mais si les enfants, outre le mal hérité de leurs parents, accumulent d'autres maux, ils devront faire face aux conséquences de ces péchés. Dans de nombreux cas, ces enfants nés dans des familles qui adorent des idoles souffrent, dès leur naissance, d'un handicap hérité ou de troubles mentaux.

Certains gens accrochent, sur les murs de leurs maisons, un objet fétiche qui pourrait, selon eux, être porteur de bonheur et de chance. Certains d'autres vénèrent l'idole de Bouddha. D'autres encore inscrivent leurs noms dans les temples bouddhistes. Dans ce genre de graves idolâtries, même si les personnes qui célèbrent ce culte ne souffrent pas de la calamité, leurs enfants auront des problèmes.

Par conséquent, les parents doivent toujours rester dans la vérité, afin que leurs péchés n'affectent pas leurs enfants. Si l'un des membres de la famille attrape une maladie difficile à guérir, il doit vérifier si cette maladie est le résultat de ses péchés.

Le fléau des furoncles

Le Pharaon vit la mort des animaux de l'Égypte, et il envoya quelqu'un pour vérifier ce qui se passait dans le pays de Gosen, où vivaient les Israélites. Contrairement à toutes les autres terres de l'Egypte, aucun des animaux ne mourut à Gosen.

Même après avoir connu le travail indéniable de Dieu, le Pharaon ne renonça pas à sa décision.

«Pharaon s'informa de ce qui était arrivé; et voici, pas une bête des troupeaux d'Israël n'avait péri. Mais le

coeur de Pharaon s'endurcit, et il ne laissa point aller le peuple» (Exode 9:7).

Enfin, Dieu dit à Moïse et à Aaron de prendre quelques poignées de cendre de fournaise, et demanda à Moïse de les répande vers les cieux, devant les yeux du Pharaon. Moïse et Aaron réalisèrent la requête de Dieu; la cendre devint un ulcère faisant éruption en pustules sur les hommes et sur les bêtes.

Un furoncle est une enflure localisée et un gonflement de la peau résultant de l'infection d'un follicule pileux et des tissus adjacents, ayant un noyau dur central, et il forme du pus.

Dans un cas grave, on pourrait avoir besoin de subir une intervention chirurgicale. Certains des ulcères sont plus grands que 10 cm de diamètre. Ils enflent et provoquent une forte fièvre et une fatigue, et certaines personnes ne peuvent même pas bien marcher. C'est une chose tellement douloureuse.

Ce furoncle avait été sur les hommes et les animaux, et même les magiciens ne purent paraître devant Moïse, à cause des ulcères.

Dans le cas de la peste, seulement le bétail mourut. Mais dans le cas des ulcères, non seulement les animaux mais aussi les gens avaient souffert.

Le sens spirituel du fléau de furoncles

La peste est une maladie interne, mais l'ulcère jaillit vers l'extérieur quand la situation s'aggrave à l'intérieur.

Par exemple, une petite cellule cancéreuse grandit, se prolifère et puis, finalement, elle se dévoile ouvertement. C'est la même chose avec l'apoplexie cérébrale ou la paralysie, les maladies pulmonaires et le SIDA.

Ces maladies se trouvent habituellement chez les êtres qui ont un caractère tenace. Cela pourrait être différent dans chaque cas, mais beaucoup d'entre eux sont très colériques, arrogants, ne pardonnent pas les autres et pensent qu'ils sont eux-mêmes les meilleurs. En outre, de tels gens insistent sur leurs seules opinions et ignorent les autres. Tout cela résulte d'un manque d'amour. C'est pour ces raisons que de telles personnes affrontent les calamités.

Parfois, on peut se demander, «il a l'air très doux et bon, et pourquoi souffre-t-il d'une telle maladie?» Mais même si une personne semble douce, il se peut qu'elle ne soit pas vraiment ainsi aux yeux de Dieu.

Si la personne elle-même n'est pas têtue, le malheur arrive probablement à cause de grands péchés commis par ses ancêtres (Exode 20:5).

Lorsque le malheur vient à cause d'un membre de la famille, le problème sera résolu quand tous les membres de la famille se repentent ensemble. Par conséquent, si la famille devient paisible et bonne, ce retour à la normale sera une bénédiction pour tous les membres de la famille.

Dieu contrôle la vie, la mort, le bonheur et le malheur des hommes. Ainsi, aucune calamité ou catastrophe n'est sans raison (Deutéronome 28).

En outre, même lorsque les enfants souffrent à cause des péchés de leurs parents ou de leurs ancêtres, la cause fondamentale est avec les enfants eux-mêmes. Même si les parents vénèrent les idoles, si les enfants vivent dans la parole divine, Dieu les protège de telle sorte que les fléaux ne les frapperont pas.

Le châtiment infligé, à cause des péchés d'idolâtrie ancestrale ou parentale, frappe les enfants car ces derniers ne vivent pas selon la parole de Dieu. Si les enfants vivent dans la vérité, le Dieu de la justice les protégera, alors il n'y aura pas de problèmes.

Parce que Dieu est amour, il trouve qu'une âme est plus précieuse que le monde entier. Il veut que chaque personne atteigne le salut, vive dans la vérité, et remporte la victoire dans sa vie.

Dieu permet que ces fléaux nous frappent, non pas pour nous mener à la destruction, mais pour nous inciter à nous repentir de nos péchés et à nous en détourner selon son amour.

Les fléaux de sang, de grenouilles, et de moustiques sont causés par Satan, et ils sont relativement faibles. Donc, si nous nous repentons de nos actes maléfiques, ces malheurs peuvent être résolus facilement.

Mais les fléaux de mouches, de peste, et de furoncles sont plus graves, et ils touchent directement notre corps. Ainsi, dans ces cas, nous devons déchirer notre cœur et nous repentir très profondément.

Si nous endurons un de ces fléaux, nous ne devrons pas blâmer d'autre personne. Par contre, nous devons être assez sages pour nous examiner selon la parole de Dieu et nous repentir de tout ce qui n'était pas droit aux yeux de Dieu.

Chapitre 5

Fléaux de la grêle
et des sauterelles

Exode 9:23-10:20

«Moïse étendit sa verge vers le ciel; et l'Éternel envoya des tonnerres et de la grêle, et le feu se promenait sur la terre. L'Éternel fit pleuvoir de la grêle sur le pays d'Égypte. Il tomba de la grêle, et le feu se mêlait avec la grêle; elle était tellement forte qu'il n'y en avait point eu de semblable dans tout le pays d'Égypte depuis qu'il existe comme nation» (Exode 9:23-24).

«Moïse étendit sa verge sur le pays d'Égypte; et l'Éternel fit souffler un vent d'orient sur le pays toute cette journée et toute la nuit. Quand ce fut le matin, le vent d'orient avait apporté les sauterelles. Les sauterelles montèrent sur le pays d'Égypte, et se posèrent dans toute l'étendue de l'Égypte; elles étaient en si grande quantité qu'il n'y avait jamais eu et qu'il n'y aura jamais rien de semblable» (Exode 10:13-14).

Les parents qui aiment vraiment leurs enfants ne refuseront pas de les punir, de les discipliner ou même de leur donner une fessée. C'est le désir des parents de guider leurs enfants vers le droit chemin.

Quand les enfants n'écoutent pas la réprimande de leurs parents, ces derniers doivent parfois utiliser le bâton pour que les enfants le gardent à l'esprit. Mais la douleur dans le cœur des parents est plus grande que la douleur physique des enfants.

Le Dieu d'amour tourne aussi parfois son visage loin de ses enfants, permettant ainsi qu'il y ait un fléau ou des problèmes, pour que ses bien-aimés puissent se repentir et se détourner du péché.

Le fléau de la grêle

Dieu aurait pu dès le début envoyer une grande calamité pour obliger le Pharaon à se soumettre. Mais Dieu est patient; Il endure pendant une longue durée. Dieu avait montré sa puissance et, commençant par un fléau mineur, il voulait que le Pharaon et son peuple le connaissent.

«Car maintenant, j'étendrai ma main, et je te frapperai de peste, toi et ton peuple, et tu seras exterminé de dessus la terre. Mais je t'ai fait subsister pour ceci, afin de te faire voir ma puissance, et pour que mon nom soit publié dans toute la terre. T'élèves-tu encore contre mon peuple, pour ne pas les laisser aller, voici, je ferai

*pleuvoir demain, à ces heures, une grêle très-grosse,
telle qu'il n'y en a pas eu en Égypte, depuis le jour
qu'elle a été fondée jusqu'à maintenant»* (Exode9:15-
18,Version Darby).

Les fléaux devinrent de plus en plus grands, mais le Pharaon
ne cessa pas de s'élever contre les Israélites; il ne leur permit pas
de quitter le pays. Alors, Dieu avait permis le septième fléau,
celui de la grêle.

Dieu, par l'intermédiaire de Moïse, fit dévoiler au Pharaon
qu'il ferait pleuvoir une grêle très-grosse, telle qu'il n'y en avait
pas eu en Égypte, depuis le jour qu'elle avait été fondée. Et Dieu
avait donné les chances pour que les gens et les animaux dans les
champs puissent se cacher à l'intérieur. Il les avait avertis d'avance
que si les hommes ou les animaux restaient dehors, ils allaient
mourir à cause de la grêle.

Certains serviteurs de Pharaon craignaient la parole de
l'Éternel, alors ils avaient laissé leurs serviteurs et leurs troupeaux
fuir pour se réfugier dans les maisons et les étables. Mais
beaucoup d'autres n'avaient toujours pas peur de la parole de
Dieu, et par conséquent, ne s'en souciaient pas.

*«Et celui qui n'appliqua pas son cœur à la parole de
l'Éternel laissa ses serviteurs et ses troupeaux dans les
champs»* (Exode 9:21, Version Darby).

Le lendemain, Moïse étendit son bâton vers le ciel, et Dieu

envoya des tonnerres et de la grêle. Le feu descendit sur la terre. Sûrement, il avait dévasté les hommes, les animaux, les arbres et les légumes des champs. Combien fut grand ce fléau!

Mais il est écrit dans Exode 9:31-32 *«Et le lin et l'orge avaient été frappés; car l'orge était en épis, et le lin nouait; et le froment et l'épeautre n'avaient pas été frappés, parce qu'ils sont tardifs»* (Version Darby). Donc, les dégâts furent partiels.

Toutes les terres de l'Égypte avaient subi de grands dégâts à cause de la grêle et du feu, mais rien de tout cela ne s'était produit dans le pays de Gosen.

Le sens spirituel du fléau de la grêle

Normalement, la grêle tombe sans préavis préalable. Généralement elle ne tombe pas sur une large région, mais sur des zones relativement petites dans la région.

Ainsi, le fléau de la grêle symbolise les grands problèmes qui se passent partiellement et non pas totalement.

Il y eut de la grêle et du feu entremêlés pour tuer les hommes et les animaux. Les légumes dans les champs furent endommagés, et il n'y avait pas de nourriture. Il s'agit d'un cas de grands dégâts dus à des accidents inattendus; ces problèmes causent la faillite et la perte des biens d'une personne.

On peut faire face à une grande perte due à un incendie dans le lieu du travail. Les membres de la famille d'une personne peuvent être atteints d'une maladie ou subir un accident. Et, les soins dont ils auraient besoin pourraient coûter une fortune.

Par exemple, prenons le cas d'une personne qui a été fidèle au Seigneur, mais a commencé à se concentrer beaucoup plus sur son travail de telle sorte qu'elle laisse tomber, plusieurs fois, les cultes de Dimanche. Par la suite, cette personne finira par ne plus garder le jour du Seigneur.

Pour cette raison, Dieu ne peut pas protéger une telle personne, alors elle fera face à un grand problème dans son entreprise. Elle peut également faire face à un accident inattendu ou à une maladie, et cela lui coûte une fortune. Ce genre de cas, c'est comme le fléau de la grêle.

La plupart des gens considèrent que leur fortune est aussi précieuse que leur vie. Dans 1 Timothée 6:10, il est dit que l'amour de l'argent est «la racine de toutes sortes de maux». Les meurtres, les vols, les kidnappages, la violence, et bien d'autres crimes sont le résultat du désir de l'argent. Parfois, la relation entre les frères est rompue, et les conflits ont lieu entre les voisins à cause de l'argent. La principale raison de conflits entre les pays est également d'ordre matériel; ces pays cherchent les avantages matériels: les terrains et les ressources.

De même, certains croyants ne peuvent pas surmonter la tentation de l'argent. Alors ils ne gardent pas le jour du Seigneur saint, ou ils ne donnent pas de dîmes convenables. Puisque ces croyants ne mènent pas une vraie vie chrétienne, ils s'éloignent de plus en plus du salut.

Juste comme la grêle détruit la plupart des aliments, le fléau de la grêle symbolise les grands dégâts financiers d'une personne dont la richesse est jugée aussi précieuse que sa vie. Mais, comme la grêle ne tombe que dans des zones limitées, il n'y aura pas une perte totale de la fortune.

A travers ce fait, nous pouvons aussi sentir l'amour de Dieu. Si nous perdons complètement toute notre fortune, tout ce que nous avons, alors nous pourrons lâcher et même nous suicider. C'est pourquoi Dieu ne touche, d'abord, qu'une partie. Bien qu'il ne s'agisse que d'une partie, l'ampleur est forte et assez importante pour que nous puissions finalement arriver à une sorte de réalisation. Particulièrement, la grêle qui était tombée sur l'Egypte n'était pas de simples petits grains de glace; elle était très grosse, et la cascade drue et violente des grêlons était très rapide aussi.

Même de nos jours, les informations signalent que les grêlons sont aussi gros que les balles de golf, et suscitent l'incertitude et l'étonnement de beaucoup de gens. La grêle qui frappa l'Egypte fut une œuvre spéciale de Dieu. Cette grêle était également entremêlée de feu. Ce fut un événement très terrifiant.

La calamité de la grêle tomba sur l'Égypte parce que le Pharaon avait accumulé les maux. Si nous avons un cœur endurci et obstiné, nous pourrons également faire face au même genre de fléau.

Le fléau des sauterelles

Les arbres et les légumes furent endommagés, les animaux et même les gens moururent à cause de la grêle. Le Pharaon avait finalement reconnu sa faute.

«*Et le Pharaon envoya, et appela Moïse et Aaron, et leur dit: J'ai péché cette fois; l'Éternel est juste, et moi et mon peuple nous sommes méchants*» (Exode 9:27, Version Darby).

Le Pharaon se repentit d'une manière précipitée et demanda à Moïse d'arrêter la grêle.

«*Priez l'Éternel, pour qu'il n'y ait plus de tonnerres ni de grêle; et je vous laisserai aller, et l'on ne vous retiendra plus*» (Exode 9:28).

Moïse savait que le Pharaon s'obstinait toujours et qu'il n'allait pas changer d'avis. Mais pour lui faire connaître le Dieu vivant, et comprendre que le monde entier est dans sa main, Moïse leva les mains vers le ciel.

Et comme Moise l'avait prévu, dès que la pluie, le tonnerre et la grêle cessèrent, le Pharaon changea d'avis. Comme le Pharaon ne s'était pas repenti sincèrement, il endurcit son cœur de nouveau et ne laissa pas partir les Israélites.

Les serviteurs du Pharaon avaient endurci leurs cœurs aussi.

Alors, Moïse et Aaron leur dévoilèrent ce que Dieu avait dit. Ils les avertirent qu'il y aurait une invasion de sauterelles et que ce serait l'un des plus grands fléaux, le plus terrible tel qu'il n'y en a pas eu auparavant dans le monde.

«Elles couvriront la surface de la terre, et l'on ne pourra plus voir la terre» (Exode 10:5).

Ce n'est qu'à ce moment-là que les serviteurs du Pharaon ressentirent la crainte et dirent à leur roi: *«Laisse aller ces gens, et qu'ils servent l'Éternel, leur Dieu. Ne vois-tu pas encore que l'Égypte périt?»* (Exode 10:7).

Après avoir entendu les paroles de ses serviteurs, Pharaon appela Moïse et Aaron de nouveau. Mais Moïse confirma qu'ils iraient avec leurs jeunes gens et leurs vieillards, avec leurs fils et leurs filles, avec leur bétail de brebis et de bœufs, car ils avaient à célébrer une fête à l'Éternel. Pharaon répliqua que Moïse et Aaron étaient méchants et il les chassa de devant lui.

Enfin, Dieu avait permis le huitième fléau, celui des sauterelles.

«L'Éternel dit à Moïse: Étends ta main sur le pays d'Égypte, et que les sauterelles montent sur le pays d'Égypte; qu'elles dévorent toute l'herbe de la terre, tout ce que la grêle a laissé» (Exode 10:12).

Quand Moïse fit ce que l'Éternel avait dit, Dieu amena sur

le pays un vent d'orient, tout ce jour-là et toute la nuit; le matin arriva, et le vent d'orient apporta les sauterelles.

Les sauterelles étaient tellement nombreuses que le pays s'obscurcit. Elles mangèrent toute l'herbe de la terre, et tout le fruit des arbres que la grêle avait laissé. Et, il ne demeura de reste aucune verdure dans tout le pays d'Égypte.

«*Aussitôt Pharaon appela Moïse et Aaron, et dit: J'ai péché contre l'Éternel, votre Dieu, et contre vous. Mais pardonne mon péché pour cette fois seulement; et priez l'Éternel, votre Dieu, afin qu'il éloigne de moi encore cette plaie mortelle*» (Exode 10:16-17).

Soucieux de cet état qu'il redoutait, le Pharaon se hâta d'appeler Moïse et Aaron, et leur demanda de supplier Dieu afin d'arrêter la calamité.

Quand Moïse sortit et pria Dieu, il y eut un vent d'occident très-fort, qui enleva les sauterelles, et les enfonça dans la mer Rouge. Il ne resta pas une sauterelle dans tous les confins de l'Égypte. Mais même cette fois-ci, le Pharaon endurcit son cœur et il ne laissa point aller les enfants d'Israël.

Le sens spirituel du fléau des sauterelles

Une simple sauterelle n'est qu'un petit insecte, mais quand les sauterelles se déplacent en nuée, c'est la dévastation. En peu de temps, l'Égypte était presque ravagée par les sauterelles.

«Les sauterelles montèrent sur le pays d'Égypte, et se posèrent dans toute l'étendue de l'Égypte; elles étaient en si grande quantité qu'il n'y avait jamais eu et qu'il n'y aura jamais rien de semblable. Elles couvrirent la surface de toute la terre, et la terre fut dans l'obscurité; elles dévorèrent toute l'herbe de la terre et tout le fruit des arbres, tout ce que la grêle avait laissé; et il ne resta aucune verdure aux arbres ni à l'herbe des champs, dans tout le pays d'Égypte» (Exode 10:14-15).

Même aujourd'hui, nous pouvons trouver ce genre d'essaim en Afrique ou en Inde. Les sauterelles se répandent jusqu'à 40 kilomètres de largeur et 8 km de profondeur. Des centaines de millions viennent comme un nuage et mangent non seulement les récoltes, mais aussi toutes les plantes et les feuilles; elles ne laissent pas de végétation verte.

Après la calamité de la grêle, il y avait encore un reste de récolte et de plante. Le blé et l'épeautre ne furent pas ruinés, car ils mûrissent tardivement. En outre, certains serviteurs de Pharaon, qui craignirent la parole de Dieu, avait laissé leurs serviteurs et leurs troupeaux se réfugier dans les maisons. Par conséquent, ils furent sauvés.

Les sauterelles ne sont pas si importantes, mais leurs dégâts furent beaucoup plus grands que ceux résultant du fléau de la grêle. Ils avaient mangé même les choses qui restaient.

Par conséquent, le fléau des sauterelles se réfère à ce genre de catastrophes dévastatrices qui ne laissent rien après elles, et qui emportent toutes les richesses et les biens d'une personne. Ce genre de malheur ne détruit pas seulement la famille, mais aussi les lieux de travail et les entreprises.

Contrairement à la calamité de la grêle qui provoque des dommages partiels, celle des sauterelles détruit tout et prend tout l'argent. En d'autres termes, toutes les finances d'une personne seront complètement perdues.

Par exemple, pour cause de faillite, une personne perd toute sa fortune et se trouve obligée d'être séparée des membres de sa famille. On peut aussi souffrir d'une maladie de longue durée et perdre toute sa fortune. Une autre personne pourrait avoir des dettes effroyables à cause de ses enfants qui ne sont pas dans le droit chemin.

Quand elles font face à des catastrophes continuelles, certaines personnes pensent que cela pourrait être une coïncidence; mais il n'y a pas de coïncidence aux yeux de Dieu. Quand on fait face à des atteintes ou à une maladie, il doit y avoir une raison.

Qu'est-ce que cela veut dire si les croyants font face à ce genre de catastrophes? Quand ils entendent la parole de Dieu et connaissent sa volonté, ils doivent garder sa Parole et agir selon la volonté divine. Mais s'ils continuent à faire le mal comme les non croyants, ils ne peuvent pas éviter ces fléaux.

S'ils ne voient pas que Dieu leur montre quelques signes, plus qu'une fois, Dieu va tourner son visage loin d'eux. Par suite, une maladie peut évoluer en une peste, ou des furoncles peuvent éclater. Plus tard, ils affronteront des fléaux comme ceux de la grêle ou des sauterelles.

Mais, quand ils affrontent des désastres peu importants, les sages comprendront que c'est l'amour de Dieu qui leur permettra de se rendre compte de leurs fautes. Ils vont se repentir immédiatement et, par conséquent, éviter d'autres fléaux plus grands.

Voici une histoire authentique. Un homme, ayant provoqué la colère de Dieu, souffrait d'une grande difficulté. Un jour, suite à un incendie, il eut des dettes effroyables. Sa femme ne pouvait pas supporter la pression des créanciers, alors elle tenta de se suicider. Durant cette période, ils connurent Dieu et par conséquent fréquentaient l'église.

Après s'être venus me consulter et par l'effet des prières, ils obéirent à la Parole de Dieu. Ils accomplissaient délibérément certaines tâches dans l'église, ce qui plut à Dieu. Par la suite, leurs problèmes commençaient à se résoudre petit à petit, et ils ne souffraient plus à cause des créanciers. En outre, ils payèrent toutes leurs dettes. Ils avaient même été capables de construire un bâtiment commercial et acheter une maison.

Cependant, une fois toutes leurs difficultés résolues et après avoir reçu la bénédiction, ils changèrent leurs cœurs. Ils abandonnèrent la grâce de Dieu et, de nouveau, ils menèrent la vie des non croyants.

Un jour, une partie du bâtiment que le mari possédait s'effondra à cause des inondations. Il y eut aussi un incendie; et le mari avait perdu tous ses biens. S'étant de nouveau endettés, ils avaient dû retourner à leur ville natale dans la campagne. Par ailleurs, le mari, qui était diabétique, souffrait des complications résultant de cette maladie.

Dans de situations pareilles si, après avoir essayé tous les moyens en comptant sur notre connaissance et notre sagesse, nous nous trouvons dans l'embarras, nous devrons aller devant Dieu avec un cœur humble. Si nous examinons notre cœur à la lumière de la Parole de Dieu, que nous nous repentons de nos péchés et nous y renonçons, tout se remettra dans l'ordre.

Si nous avons la foi qui nous mène à nous présenter devant Dieu et mettre toutes nos affaires entre les mains de l'Éternel, le Dieu d'amour qui ne brise pas le roseau cassé nous pardonnera et nous aidera. Si nous nous tournons vers Dieu et nous vivons dans la lumière, Dieu nous guidera vers la prospérité encore une fois et nous accordera des bénédictions plus grandes.

Chapitre 6

Fléaux des ténèbres
et de la mort du premier-né

Exode 10:22-12:36

«Moïse étendit sa main vers le ciel; et il y eut d'épaisses tenèbres dans tout le pays d'Égypte, pendant trois jours. On ne se voyait pas les uns les autres, et personne ne se leva de sa place pendant trois jours. Mais il y avait de la lumière dans les lieux où habitaient tous les enfants d'Israël» (Exode 10:22-23)

«Au milieu de la nuit, l'Éternel frappa tous les premiers-nés dans le pays d'Égypte, depuis le premier-né de Pharaon assis sur son trône, jusqu'au premier-né du captif dans sa prison, et jusqu'à tous les premiers-nés des animaux. Pharaon se leva de nuit, lui et tous ses serviteurs, et tous les Égyptiens; et il y eut de grands cris en Égypte, car il n'y avait point de maison où il n'y eût un mort» (Exode 12:29-30)

Dans la Bible, nous pouvons trouver que, face aux difficultés, de nombreuses personnes s'étaient repenties devant Dieu et avaient reçu son aide.

Dieu envoya son prophète au roi Ezéchias du Royaume de Juda et lui dit: «Tu vas mourir et tu ne vas pas vivre». Mais le roi pria avec ferveur et avec larmes, et sa vie fut prolongée.

Ninive fut la capitale de l'Assyrie, un pays hostile à Israël. Lorsque les gens entendirent la parole de Dieu transmise par son prophète, ils se repentirent complètement de leurs péchés et ne furent pas détruits.

De même, Dieu donne sa miséricorde à ceux qui se repentent. Il recherche ceux qui cherchent sa grâce et leur en accorde d'autres.

Le Pharaon avait enduré de diverses calamités à cause de son mal, cependant il ne s'en détourna pas totalement. Plus il endurcit son cœur, plus les fléaux devinrent plus grands.

Le fléau des Ténèbres

Certaines personnes disent qu'elles ne vivront jamais si elles affrontent une perte. De tels gens croient en leurs propres forces. Le pharaon était de ce genre de personnes. Il se considérait comme un dieu, et c'est pourquoi il ne voulait pas reconnaître Dieu.

Même après avoir vu toute la terre d'Egypte détruite, il n'avait pas envoyé les Israélites. Il agissait comme s'il était en concurrence avec Dieu. Alors, Dieu avait permis le fléau des ténèbres.

> *«Moïse étendit sa main vers le ciel; et il y eut d'épaisses ténèbres dans tout le pays d'Égypte, pendant trois jours. On ne se voyait pas les uns les autres, et personne ne se leva de sa place pendant trois jours. Mais il y avait de la lumière dans les lieux où habitaient tous les enfants d'Israël»* (Exode 10:22-23).

L'obscurité était si épaisse qu'ils ne pussent pas se voir les uns les autres. Personne ne se leva et se déplaça de l'endroit où il se trouvait durant trois jours. Comment pouvons-nous exprimer l'ampleur de la peur et du malaise qu'ils avaient dû affronter pendant trois jours?

L'obscurité épaisse recouvrait toutes les terres de l'Égypte et le peuple devait marcher dans la cécité, mais dans le pays de Gosen, les enfants d'Israël avaient de la lumière dans leurs habitations.

Le Pharaon appela Moïse et lui annonça qu'il allait libérer les Israélites. Mais, il lui avait exigé de laisser leur menu et leur gros bétail et de ne prendre que leurs fils et filles. En fait, il avait l'intention de garder les Israélites.

Mais Moïse répliqua qu'ils devraient prendre leurs troupeaux avec eux et qu'ils ne laisseraient pas un animal car ils ne savaient pas lequel ils devaient sacrifier pour servir l'Éternel, leur Dieu.

Et le Pharaon s'énerva de nouveau et lui dit: «Va-t-en

d'auprès de moi; garde-toi de revoir ma face! Car, le jour où tu verras ma face, tu mourras».

Et Moïse répliqua hardiment: «Comme tu l'as dit, je ne reverrai plus ta face!» Et il sortit.

Sens spirituel du fléau des Ténèbres

Le malheur des ténèbres symbolise l'obscurité spirituelle, et cela renvoie au désastre juste avant la mort.

Il s'agit d'un cas où une maladie devient si grave de telle sorte que la personne ne peut pas récupérer ses forces. C'est le genre de malheur qui frappe ceux qui ne se repentent pas, même s'ils perdent toutes leurs fortunes, aussi précieuses que leur vie.

Se trouver au seuil de la mort c'est comme si on se tient au bord d'une falaise dans l'obscurité totale et on n'a pas le moyen pour sortir de l'impasse. Spirituellement parlant, quand une personne s'éloigne de Dieu et abandonne complètement sa foi, elle perd la grâce divine et sa vie spirituelle arrive à son terme. Mais, Dieu garde encore sa compassion et ne lui ôte pas sa vie.

Pour les non croyants, une personne peut faire face à ce genre de situations parce qu'elle n'a pas encore accepté Dieu, même après avoir subi de nombreux types de catastrophes. Les malheurs frappent un croyant dans le cas où ce dernier ne garde pas la Parole de Dieu et entasse le mal sur le mal.

Nous trouvons souvent que certains gens dépensent des

fortunes pour guérir de leurs maladies, mais nous les voyons toujours attendre la mort. Ce sont ceux qui sont frappés par le fléau des ténèbres.

Ces personnes souffrent également de troubles névrotiques comme la dépression, l'insomnie et la dépression nerveuse. Elles se sentent impuissantes, poursuivant leur existence avec difficultés.

Si ces gens se rendent compte de leur mal, s'ils présentent un repentir sincère, et renoncent à leurs maux, Dieu aura pitié d'eux et leur ôtera l'angoisse désastreuse.

Mais le Pharaon endurcit tellement son cœur qu'il s'opposât à Dieu jusqu'à la fin. C'est la même chose aujourd'hui, certaines personnes obstinées ne viennent pas devant Dieu quelque soit la difficulté qui s'y impose. De telles personnes refusent de se repentir devant Dieu, même si elles sont frappées par une grave maladie, même si elles ont perdu toute leur fortune, même si leur vie est en danger; elles ne le font pas non plus même si un malheur s'abat sur un de leurs plus proches.

Si nous continuons à nous opposer à Dieu, même au milieu de nombreuses catastrophes, le fléau de la mort nous sera infligé.

Le fléau de la mort du Premier-né

Dieu permit que Moïse sût ce qui allait se passer dans l'Exode.

«L'Éternel dit à Moïse: Je ferai venir encore une plaie sur Pharaon et sur l'Égypte. Après cela, il vous laissera partir d'ici. Lorsqu'il vous laissera tout à fait aller, il vous chassera même d'ici. Parle au peuple, pour que chacun demande à son voisin et chacune à sa voisine des vases d'argent et des vases d'or» (Exode 11:1-2).

Moïse était dans une situation où il risquerait d'être tué s'il allait devant le Pharaon de nouveau. Cependant, il se tint devant le Pharaon pour livrer la volonté de Dieu.

«Et tous les premiers-nés mourront dans le pays d'Égypte, depuis le premier-né de Pharaon assis sur son trône, jusqu'au premier-né de la servante qui est derrière la meule, et jusqu'à tous les premiers-nés des animaux. Il y aura dans tout le pays d'Égypte de grands cris, tels qu'il n'y en a point eu et qu'il n'y en aura plus de semblables» (Exode 11:5-6).

Alors, comme il fut annoncé, au milieu de la nuit, tout premier-né, non seulement chez le Pharaon et ses serviteurs mais aussi dans tout le pays d'Égypte mourut; et tout premier-né des bêtes périt.

Il y eut un grand cri en Égypte, car il n'y avait pas de maison où il n'y eût un mort. Comme le Pharaon endurcit très fortement son cœur et n'y renonça pas, le fléau de la mort les frappa.

Sens spirituel du fléau de la mort du Premier-né

Le fléau de la mort des premiers-nés se réfère à une situation où une personne, ou l'un de ses proches, peut-être son enfant, ou l'un des membres de sa famille, meurt ou prend une voie menant à une destruction totale sans pouvoir recevoir le salut.

On peut aussi trouver de tels cas dans la Bible. Le premier roi d'Israël, Saül avait désobéi à la parole de Dieu lui disant de tout détruire en Amalek. En outre, il avait montré son arrogance, en offrant, lui-même, le sacrifice à Dieu, ce qui devait être fait seulement par les sacrificateurs. Finalement, il fut abandonné par Dieu.

Dans ce genre de situations, au lieu de se rendre compte de ses péchés et se repentir, il avait tenté de tuer son fidèle serviteur David. Quand les gens suivirent David, il fut pris, de plus en plus, par ses mauvaises pensées qui lui faisaient imaginer que David se rebellerait contre lui.

Ainsi, même lorsque David jouait de la harpe pour lui, Saül jeta une lance pour le tuer. Il avait également envoyé David pour mener une bataille de laquelle il ne sortirait jamais victorieux. Il avait même envoyé ses soldats à la maison de David pour le tuer.

En outre, il avait tué les sacrificateurs de Dieu, tout simplement parce qu'ils avaient aidé David. Il avait accumulé de nombreuses mauvaises actions. En fin de compte, il perdit une bataille et sa mort fut misérable. Il se tua lui-même.

Qu'en est-il du sacrificateur Eli et ses fils? Eli était un sacrificateur en Israël dans le temps des juges, et il devait donner le bon exemple. Mais ses fils Hophni et Phinées étaient des vauriens qui ne connaissaient pas l'Eternel (1 Samuel 2:12, Version Segond 21).

Leur père était un sacrificateur, ils devraient, eux-aussi, se charger de servir Dieu, mais ils méprisaient l'offrande de Dieu. Ils touchaient la viande de l'offrande du sacrifice avant qu'elle ne fût donnée à Dieu, et même ils couchaient avec les femmes qui servaient à l'entrée de la tente d'assignation.

Si les enfants sombrent dans la mauvaise voie, les parents doivent les réprimander, et dans le cas où les enfants n'obéissent pas, les parents doivent prendre des mesures plus strictes pour arrêter leurs enfants. C'est le devoir et le vrai amour des parents. Mais le sacrificateur Eli avait dit seulement: «Pourquoi faites-vous de telles actions ? Non».

Les fils d'Eli n'avaient pas renoncé à leurs péchés, et les malédictions tombèrent sur sa famille. Ses deux fils furent tués dans une bataille.

En apprenant cette nouvelle, Eli tomba à la renverse de dessus son siège et se brisa la nuque et mourut. En outre, sa belle-fille, choquée par ce qui s'était passé, mourut lors de son accouchement précoce.

En voyant ces cas, on peut comprendre que les malédictions ou les décès tragiques ne viennent pas sans cause.

Quand quelqu'un mène une vie de désobéissance à la parole

de Dieu, il fera face à la mort; si ce n'est pas lui qui mourra, ce sera l'un des membres de sa famille. Certaines personnes retournent à Dieu seulement après avoir vu ces décès.

Si on ne s'éloigne pas du mal, même après avoir fait face à la calamité de la mort des premiers-nés, on ne peut pas être sauvé pour toujours, et ce sera le plus grand fléau. Par conséquent, avant que vous ne soyez frappés par un fléau, vous devez vous repentir de vos péchés. Et dans le cas où les fléaux ont déjà lieu, il faut toujours se repentir avant qu'il ne soit trop tard.

Dans le cas du Pharaon, c'est seulement après avoir souffert de tous les dix fléaux que le Pharaon reconnut Dieu avec crainte et laissa partir le peuple d'Israël.

«*Dans la nuit même, Pharaon appela Moïse et Aaron, et leur dit: Levez-vous, sortez du milieu de mon peuple, vous et les enfants d'Israël. Allez, servez l'Éternel, comme vous l'avez dit. Prenez vos brebis et vos boeufs, comme vous l'avez dit; allez, et bénissez-moi*» (Exode 12:31-32).

Après avoir enduré les dix fléaux, le Pharaon avait clairement dévoilé son cœur endurci et fut contraint de libérer les Israélites. Mais il ne tarda pas à le regretter. Il changea d'avis encore une fois. Il prit toute son armée et les chars de l'Égypte et traqua les Israélites.

«Et Pharaon attela son char, et il prit son peuple avec lui. Il prit six cent chars d'élite, et tous les chars de l'Égypte; il y avait sur tous des combattants. L'Éternel endurcit le coeur de Pharaon, roi d'Égypte, et Pharaon poursuivit les enfants d'Israël. Les enfants d'Israël étaient sortis la main levée» (Exode 14:6-8).

Ce fut bien de se soumettre à Dieu après avoir vécu la mort des premiers-nés, mais le Pharaon avait vite regretté le fait de libérer les Israélites. Il avait pris son armée pour les poursuivre. En voyant cela, nous pouvons constater combien endurci et trompeur le cœur de l'homme peut être. Finalement, Dieu ne lui pardonna pas ce qu'il fit et n'avait pas d'autre choix que de les laisser mourir dans les eaux de la mer Rouge.

«L'Éternel dit à Moïse: Étends ta main sur la mer; et les eaux reviendront sur les Égyptiens, sur leurs chars et sur leurs cavaliers. Moïse étendit sa main sur la mer. Et vers le matin, la mer reprit son impétuosité, et les Égyptiens s'enfuirent à son approche; mais l'Éternel précipita les Égyptiens au milieu de la mer. Les eaux revinrent, et couvrirent les chars, les cavaliers et toute l'armée de Pharaon, qui étaient entrés dans la mer après les enfants d'Israël; et il n'en échappa pas un seul» (Exode 14:26-28).

Même aujourd'hui, les méchants prieront pour avoir une

chance quand ils sont dans une situation difficile. Mais, en fait, quand une chance leur est donnée, ils reprendront la voie du mal de nouveau. Finalement, quand le mal continue ainsi, ils vont faire face à la mort.

La vie de désobéissance et la vie d'obéissance

Il y a une chose importante qui doit être bien prise en considération: lorsque nous faisons le mal et nous nous en rendons compte, nous ne devons pas continuer dans cette mauvaise voie et multiplier les maux, mais prendre la voie de la justice.

1 Pierre 5:8-9 dit: «*Soyez sobres, veillez. Votre adversaire, le diable, rôde comme un lion rugissant, cherchant qui il dévorera. Résistez-lui avec une foi ferme, sachant que les mêmes souffrances sont imposées à vos frères qui sont dans le monde*».

De même, 1 Jean 5:18 dit: «*Nous savons que quiconque est né de Dieu ne pèche point; mais celui qui est né de Dieu se garde lui-même, et le malin ne le touche pas*».

Par conséquent, si nous ne commettons pas le péché, mais nous vivons totalement dans la parole de Dieu, Dieu nous protégera avec ses yeux enflammés, de sorte que nous n'aurons pas à nous soucier de quoi que ce soit.

Autour de nous, nous pouvons voir des gens qui font face

à de nombreux types de catastrophes, mais ces personnes ne comprennent même pas pourquoi elles font face à de nombreuses difficultés. En outre, nous pouvons voir certains croyants qui souffrent de nombreuses difficultés.

Certains affrontent la calamité du sang ou celle des mouches, d'autres celles de la grêle ou des sauterelles. D'autres encore font face à celle de la mort du premier-né, et, en outre, ils font face au fléau de l'enterrement dans l'eau.

Par conséquent, nous ne devrons pas mener une vie de désobéissance comme le Pharaon, mais une vie d'obéissance, afin que nous n'ayons pas l'un de ces fléaux.

Même si nous sommes dans une situation où nous ne pouvons pas éviter d'affronter le fléau de la mort des premiers-nés ou celui de la peste des ténèbres, nous serons pardonnés si nous nous repentons et nous nous détournons du péché désormais. Si nous tardons et nous ne renonçons pas à nos péchés, il y aura un moment où ce sera trop tard, comme ce fut le cas de l'armée égyptienne qui fut enterrée dans la mer Rouge.

Vie *d'obéissance*

«Si tu obéis à la voix de l'Éternel, ton Dieu, en observant
et en mettant en pratique tous ses commandements que je
te prescris aujourd'hui, l'Éternel, ton Dieu, te donnera la
supériorité sur toutes les nations de la terre. Voici toutes
les bénédictions qui se répandront sur toi et qui seront
ton partage, lorsque tu obéiras à la voix de l'Éternel, ton
Dieu:Tu seras béni dans la ville, et tu seras béni dans les
champs. Le fruit de tes entrailles, le fruit de ton sol, le fruit
de tes troupeaux, les portées de ton gros et de ton menu
bétail, toutes ces choses seront bénies. Ta corbeille et ta
huche seront bénies. Tu seras béni à ton arrivée, et tu seras
béni à ton départ.»
(Deutéronome 28:1-6)

Chapitre 7

La pâque et la voie du salut

Exode 12:1-28

«L'Éternel dit à Moïse et à Aaron dans le pays
d'Égypte:«Ce mois-ci sera pour vous le premier des
mois; il sera pour vous le premier des mois de l'année.
Parlez à toute l'assemblée d'Israël, et dites: Le dixième
jour de ce mois, on prendra un agneau pour chaque
famille, un agneau pour chaque maison» (1-3).
«Vous le garderez jusqu'au quatorzième jour de ce mois;
et toute l'assemblée d'Israël l'immolera entre les deux
soirs. On prendra de son sang, et on en mettra sur les
deux poteaux et sur le linteau de la porte des maisons où
on le mangera. Cette même nuit, on en mangera la chair,
rôtie au feu; on la mangera avec des pains sans levain et
des herbes amères. Vous ne le mangerez point à demi cuit
et bouilli dans l'eau; mais il sera rôti au feu, avec la tête,
les jambes et l'intérieur. Vous n'en laisserez rien jusqu'au
matin; et, s'il en reste quelque chose le matin, vous le
brûlerez au feu. Quand vous le mangerez, vous aurez vos
reins ceints, vos souliers aux pieds, et votre bâton à la
main; et vous le mangerez à la hâte. C'est la Pâque de
l'Éternel» (6-11).

Jusqu'à ce point, nous pouvons voir que le Pharaon et ses serviteurs continuaient à vivre dans la désobéissance à la Parole de Dieu.

Par conséquent, il y eut des fléaux mineurs sur toutes les terres de l'Égypte. Comme ils continuaient à désobéir, de nombreuses maladies furent infligées, leur fortune disparut, et finalement ils perdirent la vie.

En revanche, ceux qui vivaient dans le même pays d'Égypte, le peuple élu d'Israël n'avait subi aucun de ces fléaux.

Lorsque Dieu frappa les vies en Égypte, avec le dernier fléau, les Israélites n'avaient eu aucune perte de vie. C'est parce que Dieu avait laissé le peuple d'Israël connaître la voie du salut.

Cela ne s'applique pas seulement au peuple d'Israël, qui exista depuis des milliers d'années, mais c'est toujours applicable de nos jours.

Le moyen pour éviter le fléau de la mort du premier-né

Avant qu'il y ait le fléau de la mort du premier-né en Egypte, Dieu annonça aux Israélites le moyen pour éviter ce malheur.

«Parlez à toute l'assemblée d'Israël, et dites: Le dixième jour de ce mois, on prendra un agneau pour chaque famille, un agneau pour chaque maison» (Exode 12:3).

Dieu avait juste protégé le peuple d'Israël avec sa puissance, depuis le premier fléau, celui du sang, jusqu'au dernier, celui de ténèbres,bien qu'ils n'avaient rien fait d'eux-mêmes. Mais juste avant la dernière calamité, Dieu avait voulu un acte d'obéissance de la part du peuple d'Israël.

Il s'agissait de prendre un agneau, de mettre un peu de sang sur les deux poteaux et sur le linteau des maisons, et de manger dans la maison la chair de l'agneau rôtie au feu. Ce fut le signe pour distinguer le peuple de Dieu quand l'Éternel tuerait tous les premiers-nés des Égyptiens et ceux de leurs animaux.

Parce que la dernière calamité passa au-dessus des maisons qui avaient le sang de l'agneau, les Juifs célèbrent toujours ce jour de la Pâque pour se remémorer le jour où ils furent sauvés.

Aujourd'hui, la Pâque est la plus grande fête des Juifs. Ils mangent les agneaux, du pain sans levain et des herbes amères pour célébrer cette journée. Plus de détails seront expliqués dans le chapitre 8.

Prendre un agneau

Dieu leur avait dit de prendre un agneau, car, spirituellement parlant, l'agneau renvoie à Jésus-Christ.

De manière générale, ceux qui croient en Dieu sont appelés «ses brebis». Beaucoup de gens pensent que «l'agneau» est un «nouveau-croyant», mais dans la Bible, nous pouvons constater que l'agneau se réfère à Jésus-Christ.

Dans Jean 1:29, Jean baptiste dit, en désignant Jésus: *«Voilà l'agneau de Dieu qui ôte le péché du monde!»* 1 Pierre, 1:18-19, dit: «sachant que ce n'est pas par des choses périssables, par de l'argent ou de l'or, que vous avez été rachetés de la vaine manière de vivre que vous avez héritée de vos pères,mais par le sang précieux de Christ, comme d'un agneau sans défaut et sans tache».

Le caractère de Jésus et ses actes nous rappellent un doux agneau. Matthieu 12:19-20 dit aussi: *«Il ne contestera point, il ne criera point, Et personne n'entendra sa voix dans les rues. Il ne brisera point le roseau cassé, Et il n'éteindra point le lumignon qui fume, Jusqu'à ce qu'il ait fait triompher la justice».*

Tout comme la brebis qui entend la voix de son berger et le suit, Jésus n'a fait qu'obéir à Dieu, en répondant par «Oui» et «Amen» (Apocalypse 3:14). Il avait voulu accomplir la volonté de Dieu jusqu'à la fin (Luc 22:42).

Un agneau nous donne une fourrure douce. Il est très nutritif: il donne du lait et de la viande. De même, Jésus, en répandant son eau et son sang sur la croix, avait été offert comme un sacrifice expiatoire pour nous réconcilier avec Dieu.

Ainsi, de nombreux endroits dans la Bible comparent Jésus à un agneau. Lorsque Dieu commanda aux Israélites les coutumes de la Pâque, Il leur dit également comment partager l'agneau en détail.

> *«Si la maison est trop peu nombreuse pour un agneau,*
> *on le prendra avec son plus proche voisin, selon le*
> *nombre des personnes; vous compterez pour cet agneau*
> *d'après ce que chacun peut manger. Ce sera un agneau*
> *sans défaut, mâle, âgé d'un an; vous pourrez prendre un*
> *agneau ou un chevreau»* (Exode 12:4-5).

S'ils étaient très pauvres, ou s'il n'y avait pas assez de membres dans la famille pour manger un agneau entier, ils pourraient prendre un agneau et le partager avec une famille voisine. Nous pouvons sentir l'amour délicat de Dieu et sa compassion abondante.

La raison pour laquelle Dieu leur avait exigé de prendre un agneau mâle, sans défaut, âgé d'un an, c'est parce que, n'étant pas encore mûri, sa viande est plus délicieuse. En outre, c'est le même cas pour les hommes: pendant leur jeunesse, ils sont beaux et propres.

Comme Dieu est saint, pur et sans défaut, il avait demandé un agneau de la plus belle période, un agneau âgé d'un an.

Appliquer le sang et ne pas sortir avant le matin

Dieu avait demandé aux Israélites de prendre un agneau en fonction du nombre des personnes dans un ménage. Dans Exode 12:6, nous trouvons qu'ils ne devaient pas tuer l'agneau immédiatement. Mais, après l'avoir tenu en garde quatre jours, ils l'égorgeraient au crépuscule. Dieu leur avait accordé une période pour s'y préparer avec toute la sincérité de leurs cœurs.

Pourquoi Dieu avait-il demandé de le tuer au crépuscule?

La culture humaine, qui avait commencé par la désobéissance d'Adam, peut être généralement classée en trois parties. D'Adam à Abraham, il s'agit de 2.000 années environ, et cette période est la phase initiale de la culture humaine. Si nous comparons avec les moments de la journée cette période renvoie au matin.

Après cela, Dieu avait choisi Abraham comme père de la foi. Et la période qui s'étend depuis le temps d'Abraham jusqu'à l'arrivée de Jésus sur cette terre couvre à peu près 2.000 ans; cela équivaut à la journée.

Finalement, depuis la venue de Jésus sur cette terre jusqu'à nos jours, 2.000 années se sont écoulées. C'est la fin de la culture humaine qui correspond au dernier moment de la journée: le crépuscule (1 Jean 2:18; Jude 1:18; Hébreux 1:2; 1 Pierre 1:5, 20).

L'époque durant laquelle Jésus vint sur cette terre et nous racheta de nos péchés par sa mort sur la croix fait partie de la dernière ère de la culture humaine. C'est pourquoi Dieu leur avait commandé de tuer l'agneau au crépuscule et non pas pendant la journée.

Puis, les gens étaient censés appliquer le sang de l'agneau sur les deux poteaux et le linteau de la porte (Exode 12:7). Le sang de l'agneau symbolise spirituellement le sang de Jésus-Christ. Dieu leur avait dit d'appliquer le sang sur les deux poteaux et le linteau parce que nous sommes sauvés par le sang de Jésus. En répandant le sang et en mourant sur la croix, Jésus nous avait rachetés de nos péchés et nous avait sauvés; c'est le sens spirituel qui y est impliqué.

Parce que c'est le sang sacré qui nous rachète des péchés, il ne fallait pas appliquer le sang sur le seuil où les gens marchent, mais seulement sur les poteaux et le linteau.

Jésus dit:«*Je suis la porte. Si quelqu'un entre par moi, il sera sauvé; il entrera et il sortira, et il trouvera des pâturages*» (Jean 10:9). Comme il avait été dit, la nuit de la calamité de la mort du premier-né, il y eût un mort dans toutes les maisons qui n'avaient pas appliqué le sang. Mais les familles qui avaient appliqué le sang furent sauvées de la mort.

Cependant, même s'ils avaient appliqué le sang de l'agneau, ils ne pourraient pas être sauvés s'ils sortaient de la porte de la maison (Exode 12:22). S'ils sortaient de la porte, cela veut dire qu'ils n'auraient rien à voir avec l'alliance de Dieu. Et ainsi, ils devraient faire face au fléau de la mort du premier-né.

Spirituellement parlant, l'extérieur, devant les portes, symbolise l'obscurité qui n'a rien à voir avec Dieu. C'est le monde des contrevérités. De la même façon, aujourd'hui, même si nous avons accepté le Seigneur, nous ne pourrons pas être sauvés si nous le quittons.

Grillez l'agneau et mangez-le totalement

Il y avait des morts dans toutes les familles des Égyptiens, et il y avait un grand cri. Commençant par le Pharaon, qui ne craignait pas du tout Dieu même après tant d'œuvres divines puissantes manifestées à tous les Égyptiens, un grand cri éclata dans le silence de la nuit profonde.

Toutefois jusqu'au matin, les Israélites n'avaient pas du tout quitté la maison pour sortir à l'extérieur; ils y restaient jusqu'au matin. Ils avaient mangé l'agneau tout justement selon la parole de Dieu. Pour quelle raison devaient-ils manger de la viande de l'agneau vers la fin de la nuit? Cela renferme un sens spirituel profond.

Avant qu'Adam ne mangeât de l'arbre de la connaissance du bien et du mal, il vivait sous le contrôle de Dieu, qui est lumière. Mais par sa désobéissance, en mangeant de l'arbre, il devint esclave du péché. Pour cette raison, tous ses descendants, l'humanité tout entière, passa sous le contrôle de l'ennemi diable et Satan, le prince des ténèbres. Par conséquent, ce monde est celui de ténèbres ou de la nuit.

Tout comme les Israélites devaient manger l'agneau à la fin de la nuit, nous, qui sommes spirituellement vivants dans le monde des ténèbres, devons manger la chair du Fils de l'homme, qui se réfère à la parole de Dieu, qui est la lumière, et boire son sang, pour que nous recevions le salut. Dieu expliqua aux Israélites, en détail, comment manger l'agneau. Ils devaient le manger avec du pain sans levain et des herbes amères (Exode 12:8).

La levure est une sorte de champignon; elle est utilisée pour faire lever le pain, et elle fermente l'aliment, le rend plus délicieux et doux. Pain sans levain est moins délicieux que le pain fait avec la levure.

Puisqu'il s'agit d'une telle situation désespérée qui touche la survie, Dieu les poussa à manger l'agneau avec du pain, moins délicieux, sans levain et des herbes amères afin qu'ils se souviennent de cette journée-là.

En outre, spirituellement parlant, la levure se réfère aux péchés et au mal. Par conséquent, «manger le pain sans levain qui est sans levure» symbolise le fait que nous devons enlever les péchés et le mal, et recevoir le salut de la vie.

Et Dieu leur avait dit de manger l'agneau rôti au feu, et non pas cru ou cuit à l'eau. Ils devaient tout manger, la tête, les jambes, et l'intérieur (Exode 12:9).

Ici, «le manger cru», signifie interpréter littéralement la précieuse parole de Dieu.

Par exemple, Matthieu 6:6 dit: *«Mais quand tu pries, entre dans ta chambre, ferme ta porte, et prie ton Père qui est là dans le lieu secret; et ton Père, qui voit dans le secret, te le rendra».* Si nous l'interprétons littéralement, ça veut dire que nous devons aller dans la chambre, fermer la porte, et prier. Mais nous ne trouvons, nulle part dans la Bible, aucun homme de

Dieu qui passa prier dans la chambre en ayant la porte fermée. Spirituellement parlant, «entrer dans la chambre et prier» signifie que, lorsque nous prions, nous ne devons pas avoir de vaines pensées; mais nous devons prier de tout notre cœur. Dans notre alimentation, si nous mangeons de la viande crue, nous pourrons attraper des infections résultant des parasites, ou même avoir un mal de ventre. Si nous interprétons la parole de Dieu littéralement, elle serait mal comprise et cela pourrait engendrer des problèmes. Par suite, nous ne pouvons pas avoir la foi spirituelle, et cela pourrait même nous mener loin du salut.

«La faire bouillir dans de l'eau» signifie «ajouter à la parole de Dieu, la philosophie, la science, la science médicale, ou les pensées humaines». Si on fait bouillir la viande dans l'eau, le jus de viande sortira et il y aura une grande perte des éléments nutritifs. De la même manière, si l'on ajoute la connaissance de ce monde à la parole de vérité, nous pourrons avoir la foi comme connaissance, mais non pas une foi spirituelle. Par conséquent, cela ne nous mènera pas au salut.

Que signifie alors rôtir l'agneau au feu?

Ici, «le feu» représente le «feu de l'Esprit Saint». A savoir, la parole de Dieu a été écrite par l'inspiration de l'Esprit Saint et, par conséquent, quand nous l'écoutons et nous la lisons, nous devons le faire dans la plénitude et l'inspiration de l'Esprit Saint. Sinon, elle deviendra une sorte de connaissance, et nous ne pourrons plus l'obtenir en tant que pain spirituel.

Pour pouvoir déguster la parole de Dieu rôti au feu, nous devons avoir des prières ferventes. La prière est comme l'huile, et elle est la source qui nous donne la plénitude du Saint-Esprit. Quand nous prenons la parole de Dieu avec l'inspiration de l'Esprit Saint, la parole aura un goût plus sucré que le miel. Cela signifie que nous devons être à l'écoute de la parole avec un cœur assoiffé comme une biche qui soupire après un courant d'eau. Par conséquent, nous ressentirons que le moment consacré pour écouter la parole de Dieu est si précieux, et nous ne sentirons jamais l'ennui.

Lorsque nous écoutons la Parole de Dieu, si nous avons recours à nos pensées humaines, ou à notre propre expérience et à nos connaissances, nous ne pourrons pas comprendre beaucoup de choses.

Par exemple, Dieu nous dit, si quelqu'un nous frappe sur la joue, présentons-lui l'autre, et si quelqu'un demande une tunique, donnons-lui le manteau aussi, et si quelqu'un veut nous contraindre de faire un mille, allons-en deux avec lui. En outre, beaucoup de gens pensent qu'il est juste de se venger, mais Dieu nous demande d'aimer nos ennemis, d'être modeste et de servir les autres (Matthieu 5:39-44).

C'est pourquoi nous devons briser toutes nos pensées, et ne prendre la parole de Dieu que dans l'inspiration de l'Esprit Saint. Seulement à ce moment-là, la Parole de Dieu deviendra notre vie et notre force. De cette façon, nous serons en mesure de nous débarrasser des contrevérités et nous serons guidés vers la voie de la vie éternelle.

Généralement, la viande a un meilleur goût quand elle est rôtie au feu, et le grillage est un moyen pour éviter les infections. De la même manière, l'ennemi diable et Satan, ne peuvent pas attaquer ceux qui prennent la parole de Dieu spirituellement, tout en ayant l'impression qu'elle est plus délicieuse que le miel.

En outre, Dieu leur avait dit de manger la tête, les jambes, et les entrailles de l'agneau. Cela signifie que nous devons connaître parfaitement les 66 livres de la Bible, sans rien négliger.

La Bible contient l'origine de la création et la providence de la culture humaine. De plus, elle comprend les moyens pour devenir de vrais enfants de Dieu. Nous y trouvons la providence du salut, qui avait été cachée même avant le début des temps. La Bible contient la volonté de Dieu.

Par conséquent, «manger la tête, les jambes, et les entrailles» signifie que nous devons prendre la Bible toute entière, allant du début, avec le Livre de la Genèse, pour arriver au dernier livre, l'Apocalypse.

Ne laissez rien jusqu'au matin, mangez-le à la hâte

Le peuple d'Israël avait mangé l'agneau, rôti au feu, dans leur maison. Et, ils n'avaient rien laissé jusqu'au matin. Exode 12:10 dit: *«Vous n'en laisserez rien jusqu'au matin; et, s'il en reste quelque chose le matin, vous le brûlerez au feu».*

«Le matin», c'est quand l'obscurité se dissipe cédant la place à la lumière. Spirituellement parlant, cela se réfère au moment où le Seigneur reviendra une seconde fois sur terre. Après que le Seigneur revienne, nous ne pourrons plus préparer notre huile (Matthieu 25:1-13). Ainsi, nous devons écouter la parole de Dieu avec diligence et l'apprendre avant que le Seigneur Jésus ne revienne.

En outre, la vie des hommes s'étend sur 70 ou 80 ans, et nous ne savons pas quand notre vie se termine. Par conséquent, nous devons nous initier consciencieusement et continuellement à la parole de Dieu.

Le peuple d'Israël devait sortir de l'Égypte immédiatement après la calamité de la mort des premiers-nés. C'est pourquoi Dieu leur avait dit de manger à la hâte.

«Quand vous le mangerez, vous aurez vos reins ceints, vos souliers aux pieds, et votre bâton à la main; et vous le mangerez à la hâte. C'est la Pâque de l'Éternel» (Exode 12:11).

Cela signifie qu'ils devraient se préparer pour partir avec tous leurs vêtements et chaussures. Avoir «les reins ceints, les sandales aux pieds» signifie qu'ils devraient être tout à fait prêts.

Afin de recevoir le salut de Jésus-Christ dans ce monde, qui est semblable à l'Égypte qui fut en proie à des douleurs, et afin d'entrer dans le Royaume céleste, qui est semblable à la terre promise de Canaan, nous devons aussi toujours être éveillés et prêts.

En outre, Dieu leur avait dit d'avoir leur bâton à la main, et le «bâton» symbolise spirituellement «la foi». Quand nous marchons ou escaladons une montagne, si nous avons un bâton, ce sera beaucoup plus sûr et plus facile, et nous ne tomberons pas vers le bas.

La raison pour laquelle le bâton fut donné à Moïse était parce que Moïse n'avait pas reçu l'Esprit Saint dans le cœur. Dieu donna à Moïse le bâton, symbole spirituel de la foi. C'est pourquoi le peuple d'Israël pouvait expérimenter la puissance de Dieu par le biais du bâton, vu par les yeux, et l'oeuvre de l'Exode de l'Égypte pouvait être accomplie.

Même aujourd'hui, pour entrer dans le royaume céleste éternel, nous devons posséder la foi spirituelle. Nous ne pouvons atteindre le salut que lorsque nous croyons au Seigneur Jésus-Christ, qui mourut sur la croix sans aucun péché et ressuscita. Nous pouvons atteindre le salut total seulement lorsque nous pratiquons la parole de Dieu en mangeant la chair du Seigneur et en buvant son sang.

En outre, actuellement, nous sommes si proches du retour du Seigneur. Par conséquent, nous devons obéir à la parole de Dieu et prier avec ferveur afin que nous puissions toujours remporter la victoire dans les batailles contre les forces des ténèbres.

«C'est pourquoi, prenez toutes les armes de Dieu, afin de pouvoir résister dans le mauvais jour, et tenir ferme

après avoir tout surmonté. Tenez donc ferme: ayez à vos reins la vérité pour ceinture; revêtez la cuirasse de la justice;mettez pour chaussure à vos pieds le zèle que donne l'Évangile de paix;prenez par-dessus tout cela le bouclier de la foi, avec lequel vous pourrez éteindre tous les traits enflammés du malin;prenez aussi le casque du salut, et l'épée de l'Esprit, qui est la parole de Dieu» (Ephésiens 6:13-17).

Chapitre 8

La circoncision
et la Sainte Cène

Exode 12:43-51

«L'Éternel dit à Moïse et à Aaron: Voici une ordonnance au sujet de la Pâque» (43).

«Mais aucun incirconcis n'en mangera» (48).

«La même loi existera pour l'indigène comme pour l'étranger en séjour au milieu de vous» (49).

«Et ce même jour l'Éternel fit sortir du pays d'Égypte les enfants d'Israël, selon leurs armées» (51).

La célébration de la fête de Pâque est maintenue depuis très longtemps dans le monde; depuis plus de 3.500 années, et c'est la plus longue période. Ce fut le fondement de l'établissement du pays d'Israël.

En hébreu, «Pâque» c'est חסם (Pessa'h). Et cela signifie, comme son nom l'indique, passer au-dessus ou pardonner quelque chose. Cela veut dire que l'ombre de la nuit passa sur les maisons d'Israël dont les poteaux et le linteau étaient couverts du sang de l'agneau, au moment où le fléau de la mort du premier-né frappa l'Egypte.

En Israël, aujourd'hui encore, à Pâque, les Israélites nettoient les maisons et enlèvent tous les pains au levain de la maison. Même les petits enfants recherchent, sous les lits ou derrière les meubles, en utilisant les lampes de poche, pour voir s'il y a un snack ou du pain à levure afin de les retirer. En outre, chaque ménage consomme la nourriture selon les règlements de Pâque. Le chef de la famille remémore la fête de Pâque, et ils célèbrent l'Exode.

«Pourquoi nous mangeons, ce soir-là, 'Matzo' (pain sans levain)?»

«Pourquoi nous mangeons, ce soir-là, Maror (herbes amères)?»

«Pourquoi nous mangeons le persil après l'avoir plongé dans l'eau salée deux fois? Pourquoi nous mangeons des herbes amères avec Haroscheth (Un bourrage de couleur rougeâtre, symbolisant la cuisson des briques en Égypte)?»

«Pourquoi nous nous allongeons et mangeons les mets de Pâque?»

Le chef de la cérémonie explique qu'ils doivent manger du pain sans levain, car ils avaient dû quitter l'Egypte à la hâte. En outre, il explique qu'ils doivent manger les herbes amères pour se rappeler la douleur de l'esclavage en Égypte, et le persil trempé dans l'eau salée pour se rappeler les larmes qu'ils avaient versées dans le pays où ils furent esclaves.

Mais maintenant, depuis que leurs pères furent libérés de l'esclavage, ils mangent la nourriture en s'allongeant pour évoquer la liberté et la joie d'être capables de s'allonger tout en mangeant. Et quand le chef rappelle les dix fléaux qui frappèrent l'Égypte, chacun des membres de la famille retient un peu de vin dans sa bouche à chaque fois que le nom de la calamité est mentionné et, puis, il crache ce vin dans un autre bol.

La Pâque avait eu lieu il y a 3500 ans, mais grâce aux mets de Pâque, même les enfants de ces jours ont une occasion pour faire l'expérience de l'Exode. Les Juifs célèbrent encore cette fête que Dieu avait réclamée des milliers d'années auparavant.

La puissance de la diaspora, à savoir le pouvoir des Juifs qui étaient dispersés dans le monde entier pour retourner ensemble et rétablir leur pays, réside ici.

Qualifications des participants à la Pâque

Durant la nuit du fléau de la mort du premier-né qui frappa l'Égypte, les Israélites furent sauvés de la mort en obéissant à la Parole de Dieu. Mais pour participer à la Pâque, ils devaient répondre à une condition.

«L'Éternel dit à Moïse et à Aaron: Voici une ordonnance au sujet de la Pâque: Aucun étranger n'en mangera. Tu circonciras tout esclave acquis à prix d'argent; alors il en mangera. L'habitant et le mercenaire n'en mangeront point. On ne la mangera que dans la maison; vous n'emporterez point de chair hors de la maison, et vous ne briserez aucun os. Toute l'assemblée d'Israël fera la Pâque. Si un étranger en séjour chez toi veut faire la Pâque de l'Éternel, tout mâle de sa maison devra être circoncis; alors il s'approchera pour la faire, et il sera comme l'indigène; mais aucun incirconcis n'en mangera. La même loi existera pour l'indigène comme pour l'étranger en séjour au milieu de vous»(Exode 12:43-49).

Seulement ceux qui avaient été circoncis pouvaient manger la nourriture de Pâque, car la circoncision est une chose essentielle pour la vie, et spirituellement liée à la question du salut.

La circoncision est l'ablation d'une partie ou de l'ensemble du prépuce du pénis, et se fait le 8ème jour après la naissance de tous les garçons d'Israël.

Il est écrit, dans Genèse 17:9-10, *«Dieu dit à Abraham: Toi, tu garderas mon alliance, toi et tes descendants après toi, selon leurs générations. C'est ici mon alliance, que vous garderez entre moi et vous, et ta postérité après toi: tout mâle parmi vous sera circoncis».*

Quand Dieu avait donné son alliance des bénédictions à Abraham, le père de la foi, il lui demanda d'effectuer la circoncision comme signe d'alliance. Ceux qui n'étaient pas circoncis, ne pouvaient pas recevoir les bénédictions.

«Vous vous circoncirez; et ce sera un signe d'alliance entre moi et vous. A l'âge de huit jours, tout mâle parmi vous sera circoncis, selon vos générations, qu'il soit né dans la maison, ou qu'il soit acquis à prix d'argent de tout fils d'étranger, sans appartenir à ta race. On devra circoncire celui qui est né dans la maison et celui qui est acquis à prix d'argent; et mon alliance sera dans votre chair une alliance perpétuelle. Un mâle incirconcis, qui n'aura pas été circoncis dans sa chair, sera exterminé du milieu de son peuple: il aura violé mon alliance»(Genèse 17:11-14).

Alors, pourquoi Dieu avait-il exigé la circoncision le huitième jour?

Après avoir été dans le ventre de la mère pendant neuf mois, quand un bébé vient de naître, il ne peut pas s'adapter si facilement à son nouvel entourage parce que l'environnement est très différent. Les cellules sont encore faibles, mais après sept jours, elles se familiarisent avec le nouvel environnement, tout en restant peu actives.

Si le prépuce est circoncis en ce moment, la douleur est peu intense, et la plaie se referme très rapidement. Mais une fois devenu grand, la peau durcit et la circoncision sera très douloureuse.

Dieu incita les Israélites à faire la circoncision le 8ème jour après la naissance de sorte qu'elle serait utile pour l'assainissement et la croissance. En outre Dieu fit de cette circoncision le signe de son alliance.

La circoncision, en relation directe avec la vie

Exode 4:24-26 dit: «*Pendant le voyage, en un lieu où Moïse passa la nuit, l'Éternel l'attaqua et voulut le faire mourir. Séphora prit une pierre aiguë, coupa le prépuce de son fils, et le jeta aux pieds de Moïse, en disant: Tu es pour moi un époux de sang! Et l'Éternel le laissa. C'est alors qu'elle dit: Époux de sang! à cause de la circoncision*».

Pourquoi Dieu avait-t-il cherché à tuer Moïse?

Nous pouvons trouver la réponse si nous comprenons la naissance et la croissance de Moïse. Durant cette époque, pour éliminer complètement les Israélites, on exigea de tuer tous les nouveau-nés garçons hébreux.

Alors, la mère de Moïse l'avait caché. Elle finit par le mettre dans un panier en osier et le plaça sur la rive du Nil. Par la providence de Dieu, il fut trouvé par une princesse égyptienne qui l'adopta et l'éleva. Ainsi, il devint à son tour un prince. C'est pourquoi il n'était pas dans une situation à se faire circoncire.

Bien qu'il fût nommé leader de l'Exode, Moïse n'était pas encore circoncis. C'est pourquoi l'ange de Dieu chercha à le tuer. De même, la circoncision est directement liée à la vie; si un homme n'est pas circoncis, il n'a rien à faire avec Dieu.

Hébreux 10:1 dit: *«En effet, la loi, qui possède une ombre des biens à venir, et non l'exacte représentation des choses, ne peut jamais, par les mêmes sacrifices qu'on offre perpétuellement chaque année, amener les assistants à la perfection»*. Et la loi se réfère ici à l'Ancien Testament, et les «biens à venir» c'est le Nouveau Testament, à savoir La Bonne Nouvelle reçue par Jésus-Christ.

L'ombre et l'image d'origine sont un, et ne peuvent pas exister séparément. Par conséquent, dans l'Ancien Testament, le commandement de Dieu qui exigeait la circoncision, si non ils seraient coupés du milieu du peuple de Dieu, s'applique encore de nos jours de la même manière.

Mais aujourd'hui, contrairement à l'Ancien Testament, nous n'avons pas à subir une circoncision physique, mais spirituelle, qui est la circoncision du cœur.

Circoncision Physique et Circoncision du cœur

Romain 2:28-29 dit: *«Le Juif, ce n'est pas celui qui en a les apparences; et la circoncision, ce n'est pas celle qui est visible dans la chair. Mais le Juif, c'est celui qui l'est intérieurement; et la circoncision, c'est celle du cœur, selon l'Esprit et non selon la lettre. La louange de ce Juif ne vient pas des hommes, mais de Dieu».* La circoncision physique n'est qu'une ombre, et l'image originale, la vraie image, dans le Nouveau Testament, est la circoncision du cœur. C'est cette circoncision qui nous assure le salut.

Dans les temps de l'Ancien Testament, les gens n'avaient pas reçu le Saint-Esprit; ils ne pouvaient pas rejeter les contre-vérités de leurs cœurs. Ainsi, ils montraient qu'ils appartenaient à Dieu en étant physiquement circoncis. Mais avec le Nouveau Testament cela a changé: lorsque nous acceptons Jésus-Christ, l'Esprit Saint entre dans notre cœur, et l'Esprit Saint nous aide à vivre selon la vérité afin que nous puissions rejeter les contre-vérités du cœur.

La circoncision du cœur est le moyen pour suivre le commandement de Dieu qui, dans l'Ancien Testament, consistait à être circoncis dans le corps. C'est aussi une façon pour conserver la Pâque.

«Circoncisez-vous pour l'Éternel, et ôtez le prépuce de vos cœurs» (Jérémie 4:4, Version Darby).

Que veut dire «ôtez le prépuce de votre cœur»? C'est garder

toutes les paroles de Dieu: ce que le Seigneur nous demande de faire, de ne pas faire, les choses qu'il nous recommande de garder, ou de rejeter.

Nous ne faisons pas juste les choses que Dieu nous a prohibées, comme: «Ne pas haïr pas, ne pas juger ou condamner, ne pas voler, et ne pas commettre d'adultère». De même, nous obéissons aux recommandations de Dieu, comme: «Rejeter toutes les formes du mal, garder le Sabbat, garder les commandements de Dieu».

En outre, nous faisons exactement ce que Dieu nous préconise tel que: «Prêcher l'Évangile, prier, pardonner, aimer, etc». En exécutant cela, nous chassons, de notre cœur, toutes les contre-vérités, le mal, l'injustice, l'iniquité et les ténèbres. Cela nous permet de nettoyer notre cœur de tout vice et, alors, nous pourrons le remplir de la vérité.

La circoncision du cœur et le salut complet

À l'époque de Moïse, la Pâque fut établie pour les Israélites afin d'éviter, avant l'Exode de l'Égypte, la mort du premier-né. Mais, cela ne veut pas dire qu'une personne fut sauvée pour toujours en participant à la Pâque.

S'ils étaient sauvés éternellement par la Pâque, alors tous les Israélites qui sortirent de l'Égypte seraient entrés dans le pays où coulent le lait et le miel, le pays de Canaan.

Mais la réalité fut que les adultes qui avaient plus de 20 ans au moment de l'Exode, à l'exception de Josué et Caleb, n'avaient pas montré la foi et les actes d'obéissance. Ils formaient la génération qui avait dû rester dans le désert pendant quarante ans et y mourir, sans voir la terre bénie de Canaan.

C'est la même chose aujourd'hui. Il ne s'agit pas seulement d'accepter Jésus-Christ et devenir les enfants de Dieu; cela n'est pas complet et garanti pour toujours. En acceptant Jésus-Christ et en devenant les enfants de Dieu, nous sommes entrés dans la limite du salut.

Par conséquent, tout comme les quarante années d'épreuve étaient nécessaires pour les Israélites afin d'entrer dans le pays de Canaan, pour recevoir le salut permanent, nous devons passer par un processus afin d'être circoncis avec la parole de Dieu.

Une fois nous acceptons Jésus-Christ comme notre Sauveur personnel, nous recevons l'Esprit Saint. Cependant, recevoir l'Esprit Saint ne signifie pas que notre cœur sera totalement propre. Nous devons continuer à circoncire nos cœurs jusqu'à ce que nous atteignions le salut complet. C'est seulement lorsque, par la circoncision, nous gardons notre cœur, source de la vie, que nous pouvons atteindre le salut complet.

Importance de la circoncision du cœur

Seulement lorsque nous nous purifions de nos péchés et des

maux, grâce à la Parole de Dieu, et lorsque nous les anéantissons avec l'épée de l'Esprit Saint, nous pouvons devenir les enfants saints de Dieu et mener une vie exempte de catastrophes.

Une autre raison nous incite à circoncire notre cœur: il s'agit de remporter la victoire dans les batailles spirituelles. Bien qu'ils soient invisibles, il y a, entre les bons esprits de Dieu et les esprits du mal, des batailles constantes et acharnées.

Ephésiens 6:12 dit: *«Car nous n'avons pas à lutter contre la chair et le sang, mais contre les dominations, contre les autorités, contre les princes de ce monde de ténèbres, contre les esprits méchants dans les lieux célestes».*

Pour remporter la victoire dans ce combat spirituel, nous avons absolument besoin de purifier le cœur. C'est parce que dans le monde spirituel, la puissance réside dans l'anéantissement du péché. Et c'est pourquoi Dieu impose la circoncision de notre cœur et nous rappelle à plusieurs reprises son importance.

> *«Bien-aimés, si notre cœur ne nous condamne pas, nous avons de l'assurance devant Dieu. Quoi que ce soit que nous demandions, nous le recevons de lui, parce que nous gardons ses commandements et que nous faisons ce qui lui est agréable»* (1 Jean 3:21-22).

Afin de pouvoir recevoir les réponses aux problèmes de la vie telles que les maladies et la pauvreté, nous devons circoncire notre cœur. Ce n'est que lorsque nous avons des cœurs purs, que nous aurons l'assurance devant Dieu et que nous recevons tout ce que nous demandons.

La Pâque et la Sainte Cène

De même, nous pouvons participer à la Pâque seulement lorsque nous subissons la circoncision. De nos jours, cela est lié à la Sainte Cène. La Pâque c'est avoir comme festin la viande de l'agneau; et la Sainte Cène consiste à manger le pain et boire le vin. Le pain et le vin symbolisent la chair et le sang de Jésus.

«Jésus donc leur dit: En vérité, en vérité, je vous dis: Si vous ne mangez la chair du fils de l'homme et ne buvez son sang, vous n'avez pas la vie en vous-mêmes. Celui qui mange ma chair et qui boit mon sang a la vie éternelle, et moi, je le ressusciterai au dernier jour» (Jean 6:53-54).

Ici, le «Fils de l'homme» se réfère à Jésus, et la chair du Fils de l'homme renvoie aux 66 livres de la Bible. «Manger la chair du Fils de l'homme» signifie acquérir la parole de la vérité divine écrite dans la Bible.

En outre, comme nous avons besoin de consommer le liquide pour aider à la digestion des aliments, quand nous mangeons la chair du Fils de l'homme, nous avons également besoin de boire pour que cela puisse être bien digéré.

«Boire le sang du Fils de l'homme» veut dire croire en la

Parole de Dieu et la pratiquer. Après avoir entendu et connu la Parole, si nous ne la pratiquons pas, alors la parole de Dieu n'aura aucune utilité pour notre vie.

Lorsque nous comprenons la parole de Dieu présente dans les soixante six livres de la Bible et nous la pratiquons, la vérité finira par s'imprimer dans notre cœur et à être assimilée, exactement comme les aliments sont absorbés par l'organisme. Ensuite, les péchés et le mal deviennent comme des déchets à jeter, de sorte que nous deviendrons de plus en plus des hommes de la vérité dignes d'obtenir la vie éternelle.

Par exemple, si l'on prend un élément nutritif de la vérité nommé «amour» et le pratiquons, ce mot sera assimilé par nous comme nutriment. Les choses qui s'opposent à cet élément, comme la haine, l'envie et la jalousie, deviennent les déchets desquels il faut se débarrasser. Ainsi, nous arriverons à avoir un cœur parfait plein d'amour.

Par la suite, comme nous remplissons notre cœur de paix et de justice, les querelles, les disputes, les dissensions, la rancune et l'injustice disparaîtront.

Qualifications pour participer à la Sainte Cène

Au moment de l'Exode, ceux qui étaient circoncis avaient le droit de participer à la Pâque, afin qu'ils puissent éviter la mort des premiers-nés. De la même façon, aujourd'hui, lorsque nous acceptons Jésus-Christ comme notre Sauveur et que nous recevons l'Esprit Saint, nous serons scellés comme enfants de Dieu, et nous aurons le droit de participer à la Sainte Cène.

Mais la Pâque assurait uniquement le sauvetage de la mort du premier-né. Pour atteindre le salut total, les Israélites devaient encore marcher dans le désert. De la même manière, même si nous recevons l'Esprit Saint et nous participons à la Sainte Cène, nous avons encore besoin de subir le processus pour obtenir, à jamais, le salut éternel. Une fois nous acceptons Jésus-Christ, nous entrons par la porte du Salut. Alors dès ce moment, nous devons, dans notre vie, obéir à la parole de Dieu. Nous devons avancer vers les portes du royaume céleste et le salut éternel.

Si nous commettons des péchés, nous ne pourrons pas participer à la Sainte Cène en consommant la chair et le sang saints du Seigneur. Nous devons d'abord nous examiner, présenter un repentir sincère de tous les péchés que nous avons commis, et purifier notre cœur pour pouvoir participer à la Sainte Cène.

«C'est pourquoi celui qui mangera le pain ou boira la coupe du Seigneur indignement, sera coupable envers le corps et le sang du Seigneur. Que chacun donc s'éprouve soi-même, et qu'ainsi il mange du pain et boive de la coupe; car celui qui mange et boit sans discerner le corps du Seigneur, mange et boit un jugement contre lui-même» (1 Corinthiens 11:27-29).

Certains disent que seuls ceux qui sont baptisés avec de l'eau peuvent participer à la Sainte Cène. Mais lorsque nous acceptons Jésus-Christ, nous recevons l'Esprit Saint comme don. Tous, nous avons le droit de devenir enfants de Dieu. Par conséquent, après que nous nous repentions de nos péchés, nous pouvons participer à la sainte cène, même si nous n'avons pas encore été baptisés avec de l'eau.

A travers la Sainte Cène, nous remémorons la grâce du Seigneur qui fut crucifié sur la croix et qui versa son sang pour nous sauver. Nous devons également nous examiner, apprendre la parole de Dieu et la pratiquer.

1 Corinthiens 11:23-25, dit: *«Car j'ai reçu du Seigneur ce que je vous ai enseigné; c'est que le Seigneur Jésus, dans la nuit où il fut livré, prit du pain,et, après avoir rendu grâces, le rompit, et dit: Ceci est mon corps, qui est rompu pour vous; faites ceci en mémoire de moi. De même, après avoir soupé, il prit la coupe, et dit: Cette coupe est la nouvelle alliance en mon sang; faites ceci en mémoire de moi toutes les fois que vous en boirez».*

De ce fait, je vous exhorte à réaliser la véritable signification de la Pâque et de la Sainte Cène et à manger diligemment la chair du Seigneur et boire son sang, afin que vous puissiez rejeter toutes les formes du mal et avoir le cœur entièrement circoncis.

Chapitre 9

L'Exode et la fête
des pains sans levain

Exode 12:15-17

«*Pendant sept jours, vous mangerez des pains sans levain. Dès le premier jour, il n'y aura plus de levain dans vos maisons; car toute personne qui mangera du pain levé, du premier jour au septième jour, sera retranchée d'Israël. Le premier jour, vous aurez une sainte convocation; et le septième jour, vous aurez une sainte convocation. On ne fera aucun travail ces jours-là; vous pourrez seulement préparer la nourriture de chaque personne. Vous observerez la fête des pains sans levain, car c'est en ce jour même que j'aurai fait sortir vos armées du pays d'Egypte; vous observerez ce jour comme une loi perpétuelle pour vos descendants.*»

«Pardonnons, mais n'oublions pas».

C'est une phrase placée à l'entrée du Musée de l'Holocauste de Yad Vashem, à Jérusalem. Par cette évocation, les Israélites cherchent à garder en mémoire ces six millions Juifs qui furent tués par les nazis pendant la Seconde Guerre Mondiale, et à éviter qu'une telle situation se répète.

L'histoire d'Israël est une histoire de commémorations. Dans la Bible, Dieu leur avait demandé de se rappeler le passé, le garder à l'esprit, et de le conserver pour les générations à venir.

Après que les Israélites furent sauvés de la mort des premiers-nés, et après leur départ de l'Égypte, Dieu leur avait exigé de conserver la fête des pains sans levain. C'est pour eux un statut perpétuel leur permettant de se rappeler éternellement le jour de leur libération de l'Égypte où ils étaient des esclaves.

Signification spirituelle de l'Exode

Le jour de l'Exode ne rappelle pas seulement la liberté que le peuple d'Israël avait obtenue des milliers d'années auparavant.

L'«Égypte», ce pays dans lequel les Israélites vivaient dans la servitude, symbolise «ce monde» qui est sous le contrôle de l'ennemi diable et Satan. Tout comme les Israélites qui étaient persécutés et maltraités pendant la période de leur esclavage en Égypte, les gens qui ne connaissent pas Dieu souffrent de douleurs et de chagrin causés par l'ennemi diable et Satan.

Les Israélites avaient connu Dieu; ils étaient témoins de dix fléaux qui eurent lieu à travers Moïse. Une fois libérés de l'Égypte, ils avaient suivi Moïse pour aller vivre dans la terre promise de Canaan; cette terre que Dieu avait promise à leur ancêtre Abraham.

Aujourd'hui c'est de même pour les gens qui s'étaient habitués à vivre loin de Dieu, mais sont arrivés à accepter Jésus-Christ.

Les Israélites qui étaient sortis de l'Égypte, où ils vivaient sous le joug de la servitude, sont comparables aux gens qui se libèrent de l'autorité de l'ennemi diable et Satan en acceptant Jésus-Christ et en devenant enfants de Dieu.

En outre, le voyage des Israélites vers la Terre de Canaan, où coulent le lait et le miel, n'est pas différent de celui des croyants qui font le trajet de la foi vers le royaume des cieux.

La terre de Canaan, où coulent le lait et le miel

Dans le processus de l'Exode, Dieu n'avait pas guidé les Israélites directement vers la terre de Canaan; ils avaient dû voyager dans le désert. Dieu ne les conduisit pas par le chemin le plus proche, parce qu'il y avait une forte nation, les Philistins.

Pour traverser cette terre, les Israélites devaient mener une guerre contre les Philistins connus par leur force. Dieu savait que, si ces gens qui n'avaient pas la foi menaient la guerre, ils changeraient d'avis et retourneraient en Égypte.

C'est de même pour les nouveaux croyants: ceux qui viennent d'accepter Jésus-Christ n'ont pas encore la vraie foi immédiatement. Par conséquent, s'ils sont confrontés à une épreuve aussi grande que la puissance des Philistins, ils ne pourront pas y résister et par la suite ils renonceront à la foi.

C'est pourquoi Dieu dit: *«Aucune tentation ne vous est survenue qui n'ait été humaine, et Dieu, qui est fidèle, ne permettra pas que vous soyez tentés au-delà de vos forces; mais avec la tentation il préparera aussi le moyen d'en sortir, afin que vous puissiez la supporter»* (1 Corinthiens 10:13).

Le chemin de tout croyant ressemble au trajet des Israélites. Ces derniers avaient marché dans le désert jusqu'à ce qu'ils atteignissent la Terre de Canaan. Et les croyants, une fois devenus enfants de Dieu, doivent suivre le chemin de la foi jusqu'à ce qu'ils atteignent le royaume des cieux, la terre de Canaan.

Malgré les difficultés rencontrées dans le désert aride, ceux qui avaient la foi n'avaient pas retourné en Égypte parce qu'ils avaient hâte de voir, dans la Terre de Canaan, la liberté, la paix et l'abondance desquelles ils ne pouvaient pas bénéficier en Égypte. Il en est de même pour nous aujourd'hui.

Même si nous nous trouvons parfois dans une voie étroite et difficile, nous avons la foi inébranlable et nous croyons que nous allons atteindre la belle gloire du royaume divin. Donc, nous ne considérons pas le chemin de la foi difficile, par contre nous surmontons tout avec l'aide et la puissance de Dieu.

Enfin, le peuple d'Israël commença le voyage vers le pays de Canaan, le pays où coulent le lait et le miel. Ils avaient laissé derrière eux les terres où ils avaient vécu pendant plus de 400 ans et, guidés par Moise, ils avaient pris la voie de la foi.

Certains avaient pris le bétail. D'autres s'étaient chargés des vêtements, de l'argent et de l'or qu'ils avaient reçus des Égyptiens. Certains emballaient la pâte sans levain, tandis que d'autres prenaient soin de petits enfants et des personnes âgées. Le grand nombre des Israélites, qui se pressaient à partir, fut sans fin.

«Les enfants d'Israël partirent de Ramsès pour Succoth au nombre d'environ six cent mille hommes de pied, sans les enfants. Une multitude de gens de toute espèce montèrent avec eux; ils avaient aussi des troupeaux considérables de brebis et de bœufs. Ils firent des gâteaux cuits sans levain avec la pâte qu'ils avaient emportée d'Egypte, et qui n'était pas levée; car ils avaient été chassés d'Egypte, sans pouvoir tarder, et sans prendre des provisions avec eux» (Exode 12:37-39).

Ce jour-là, leurs cœurs étaient pleins de liberté, d'espoir et de salut. Pour célébrer cette journée, Dieu leur commanda de garder pour toujours la fête des pains sans levain.

La Fête des Pains sans Levain

Aujourd'hui, dans le christianisme, nous célébrons les Pâques à la place de la fête des pains sans levain. «Pâques» est la fête célébrée afin de rendre grâces à Dieu pour avoir pardonné tous nos péchés par la crucifixion de Jésus. En outre, nous célébrons cette fête pour se remémorer le jour où, par la Résurrection de Jésus-Christ, il nous est devenu possible de sortir des ténèbres vers la lumière.

La fête des pains sans levain est l'une des trois grandes fêtes d'Israël. Il s'agit de commémorer le fait qu'ils étaient sortis d'Égypte par la main de Dieu. Dès le début de la nuit de Pâque, ils mangent du pain sans levain pendant sept jours.

Le pharaon ne céda pas à Dieu, même après avoir subi, lui et son peuple Égyptien, tant de fléaux. Par la suite, l'Égypte souffrait à cause de la mort du premier-né et le Pharaon lui-même perdit son fils aîné. Alors, le Pharaon se hâta d'appeler Moïse et Aaron et leur dit de quitter l'Égypte immédiatement. Donc, les Israélites n'avaient pas le temps pour faire lever le pain. C'est la raison pour laquelle ils devaient manger le pain sans levain.

En outre, Dieu leur demanda de manger le pain sans levain pour qu'ils puissent se souvenir des moments de souffrance et rendre grâces parce qu'ils furent libérés de l'esclavage.

Pâque est la fête qui commémore le fait d'être sauvé du fléau de la mort du premier-né. Ils mangent des agneaux, des herbes amères et des pains sans levain. La fête des pains sans levain est aussi pour commémorer le fait d'avoir mangé, après avoir quitté l'Égypte en hâte, des pains sans levain pendant une semaine dans le désert.

Aujourd'hui, les Israéliens consacrent toute une semaine pour observer la Pâque, y compris la fête des pains sans levain.

> *«Tu ne mangeras pas avec elle de pain levé; pendant sept jours tu mangeras avec elle des pains sans levain, pains d'affliction, parce que tu es sorti en hâte du pays d'Égypte, afin que, tous les jours de ta vie, tu te souviennes du jour de ta sortie du pays d'Égypte»* (Deutéronome 16:3, Version Darby).

Le sens spirituel de la fête des pains sans levain.

> *«Pendant sept jours, vous mangerez des pains sans levain. Dès le premier jour, il n'y aura plus de levain dans vos maisons; car toute personne qui mangera du pain levé, du premier jour au septième jour, sera retranchée d'Israël»* (Exode 12:15).

Ici, le «premier jour» désigne le jour du salut. Après avoir été sauvés de la mort du premier-né et sortis de l'Egypte, les Israélites devaient manger du pain sans levain pendant sept jours. De la même manière, après que nous acceptions Jésus-Christ et recevions l'Esprit Saint, nous devons spirituellement manger du pain sans levain pour atteindre le salut complet.

Spirituellement parlant, manger du pain sans levain veut dire abandonner le monde et prendre le chemin étroit. Après que nous acceptions Jésus-Christ, nous devons nous abaisser et aller dans la voie étroite pour atteindre, avec un cœur humble, le salut absolu.

Manger du pain au levain, au lieu des pains sans levain, c'est prendre le chemin large et facile dans la poursuite des choses mondaines insignifiantes. Évidemment, la personne qui prend cette voie ne recevra pas le salut. C'est pourquoi Dieu dit: ceux qui mangent du pain levé seraient retranchés d'Israël.

Alors, quelles sont les leçons que nous donne aujourd'hui la fête des pains sans levain?

Premièrement, nous devons toujours rendre grâces à Dieu et nous rappeler l'amour divin et la grâce du salut que nous avons reçu gratuitement par la rédemption de Jésus-Christ.

En mangeant du pain sans levain pendant sept jours et en rendant grâces à Dieu pour les avoir sauvés, les Israélites se souviennent des temps de l'esclavage en Égypte. De même, nous les croyants, qui sont les Israélites spirituels, nous devons nous rappeler la grâce et l'amour de Dieu qui nous a guidés vers le chemin de la vie éternelle. Et nous devons aussi, en toutes choses, rendre grâces à Dieu.

Nous devons nous rappeler le jour où nous avons reconnu Dieu et le jour où nous sommes nés de nouveau avec de l'eau et l'Esprit. Et, nous devons surtout rendre grâces à Dieu en souvenir de sa grâce. C'est la même chose que l'observation spirituelle de la fête des pains sans levain. Ceux qui ont vraiment un bon cœur n'oublieraient jamais aucune des grâces du Seigneur. C'est le devoir de l'homme et c'est le travail de bons cœurs.

Avec ce bon cœur, quelque soit la difficulté de la réalité qui se présente, nous n'oublierons jamais l'amour et la grâce. Par contre, nous rendrons grâces à notre Seigneur pour Sa grâce et nous nous réjouirons toujours.

Ce fut le cas de Habacuc, qui vécut pendant le règne du roi Josias vers 600 avant Jésus.

«*Car le figuier ne fleurira pas, La vigne ne produira rien, Le fruit de l'olivier manquera, Les champs ne donneront pas de nourriture; Les brebis disparaîtront du pâturage, Et il n'y aura plus de boeufs dans les étables. Toutefois, je veux me réjouir en l'Éternel, Je veux me réjouir dans le Dieu de mon salut*» (Habacuc 3:17-18).

Son pays Juda devait faire face aux dangers des Chaldéens (Babyloniens), et le Prophète Habacuc vit que son pays allait être abattu. Toutefois au lieu de tomber dans le désespoir, Habacuc offrit des louanges de grâce à Dieu.

De même, quelle que soit notre situation ou l'état de notre vie, nous pourrons être reconnaissants du fond de notre cœur, si nous nous rappelons simplement le fait que nous sommes sauvés, gratuitement, par la grâce de Dieu.

Deuxièmement, nous ne devons pas continuer notre vie de foi, comme nous avions l'habitude de le faire. Et nous ne devons pas non plus, ni retourner vers l'ancienne voie de la vie sèche, ni mener une vie chrétienne qui ignore la progression ou le changement.

Suivre une vie sans enthousiasme en tant que chrétien, c'est rester comme nous l'étions, sans progresser. Il s'agit d'une vie stagnante sans mouvement ou changement. Cela signifie que nous avons la tiède foi habituelle. On suit les formalités de la foi, sans circoncire notre cœur.

Si notre vie spirituelle est froide, nous pourrons être châtiés par Dieu pour que nous puissions changer et nous renouveler. Mais si nous sommes tièdes, nous transigeons avec le monde et nous n'essayons pas de rejeter les péchés. Il faut savoir que nous ne pourrons pas quitter Dieu délibérément et facilement, parce que nous avons reçu l'Esprit Saint et nous savons très bien qu'il y a le ciel et l'enfer.

Si nous sentons nos défauts, nous prierons à ce sujet devant Dieu. Mais ceux dont la vie spirituelle est tiède ne montrent aucun enthousiasme. Ils sont des «fidèles», dont le fait d'aller à l'église devient une habitude.

Ils peuvent avoir des afflictions et sentir l'angoisse et l'anxiété dans leur cœur, mais comme le temps passe, même ces sentiments disparaissent.

«Ainsi, parce que tu es tiède et que tu n'es ni froid ni bouillant, je vais te vomir de ma bouche» (Apocalypse 3:16). Alors, comme il est dit, ils ne peuvent pas être sauvés. C'est pourquoi Dieu nous fait observer différentes fêtes, de temps à autre, pour vérifier notre foi et pour parvenir à avoir une grande foi qui atteint un degré de maturité complet.

Troisièmement, nous devons toujours garder la grâce du premier amour. Si nous l'avons perdue, nous devons penser à ce point où nous sommes tombés, nous devons nous repentir, et nous devons rapidement récupérer les premiers actes.

Toute personne qui a accepté le Seigneur Jésus peut expérimenter la grâce du premier amour. La grâce et l'amour de Dieu sont si grands que chaque jour de la vie d'un croyant sera joie et bonheur.

Tout comme les parents s'attendent à ce que leurs enfants grandissent, Dieu s'attend également à ce que ses enfants aient une foi plus ferme, plus grande. Mais si, à un moment donné, nous perdons la grâce du premier amour, notre enthousiasme et notre amour pourront se refroidir. Même si nous prions, nous pourrons le faire tout simplement parce que nous le ressentons un devoir.

Avant d'atteindre un niveau élevé et complet de la sanctification, si nous donnons plus notre cœur à Satan, nous risquerons, à n'importe quel moment, de perdre le premier amour. Ainsi, si nous avons perdu la grâce de cet amour ardent, nous devons, le plus vite possible, trouver la raison qui a causé cette perte, nous repentir et y renoncer.

Beaucoup de gens disent que la vie chrétienne est un chemin étroit et difficile, mais Deutéronome 30:11 dit: «Ce commandement que je te prescris aujourd'hui n'est certainement point au-dessus de tes forces et hors de ta portée». Si nous réalisons le vrai amour de Dieu, la vie dans la foi n'est jamais difficile. C'est parce que les souffrances vécues ne peuvent pas être comparées avec la gloire qui sera donnée plus tard. Nous pouvons être heureux en imaginant cette gloire.

Par conséquent, en tant que croyants qui vivent durant les derniers temps, nous devons toujours obéir à la parole de Dieu et vivre continuellement dans la lumière. Si nous ne prenons pas le large chemin du monde, mais plutôt le chemin étroit de la foi, nous serons en mesure d'entrer dans la Terre de Canaan où coulent le lait et le miel.

Dieu nous donnera la grâce du salut et la joie du premier amour. Il nous bénira pour accomplir la sanctification et, à travers notre chemin de foi, il nous permettra d'atteindre l'éternel royaume divin à main forte.

Chapitre 10

La vie d'obéissance
et les bénédictions

Deutéronome 28:1-14

«Si tu obéis à la voix de l'Eternel, ton Dieu, en observant et en mettant en pratique tous ses commandements que je te prescris aujourd'hui, l'Eternel, ton Dieu, te donnera la supériorité sur toutes les nations de la terre. Voici toutes les bénédictions qui se répandront sur toi et qui seront ton partage, lorsque tu obéiras à la voix de l'Eternel, ton Dieu:Tu seras béni dans la ville, et tu seras béni dans les champs. Le fruit de tes entrailles, le fruit de ton sol, le fruit de tes troupeaux, les portées de ton gros et de ton menu bétail, toutes ces choses seront bénies. Ta corbeille et ta huche seront bénies. Tu seras béni à ton arrivée, et tu seras béni à ton départ. L'Eternel te donnera la victoire sur tes ennemis qui s'élèveront contre toi; ils sortiront contre toi par un seul chemin, et ils s'enfuiront devant toi par sept chemins.»

L'histoire de l'Exode d'Israël nous donne de précieuses leçons. Les fléaux vinrent sur le Pharaon et l'Égypte à cause de leur désobéissance; de même, sur le chemin de la terre de Canaan, le peuple d'Israël avait dû subir des épreuves et ne parvint pas à avoir la prospérité parce qu'il avait agi contre la volonté de Dieu.

La Pâque avait sauvé les Israélites du fléau de la mort du premier-né. Mais, sur le chemin de Canaan, comme ils n'avaient pas d'eau pour boire et de nourriture pour manger, ils ont commencé à se plaindre.

En outre, ils firent un veau d'or et l'ont adoré; ils donnèrent un mauvais rapport sur la Terre promise; même, ils se dressaient contre Moïse. Tout cela résulta de leur manque de foi.

En conséquence, la première génération de l'Exode mourut dans le désert, excepté Josué et Caleb qui crurent en la promesse de Dieu et lui obéirent. Puis, ils entrèrent dans la terre de Canaan avec la deuxième génération de l'Exode.

La bénédiction de l'entrée dans la Terre de Canaan

La première génération de l'Exode faisait partie des générations nées et élevées selon la culture païenne de l'Égypte pendant 400 ans. Par suite, les gens de cette génération avaient perdu beaucoup de leur foi en Dieu. En outre, beaucoup de maux furent plantés dans leurs cœurs aux moments de leurs persécutions et de leurs souffrances.

Mais les Israélites de la deuxième génération de l'Exode avaient appris la parole de Dieu depuis leur jeunesse. Comme ils furent témoins de nombreuses œuvres de la puissance divine, ils étaient très différents de la génération de leurs parents.

Ils comprirent pourquoi leurs parents, au lieu d'entrer dans la terre de Canaan, avaient dû rester dans le désert pendant 40 ans. Pour cela, ils étaient prêts à obéir totalement à Dieu et à leur leader avec une vraie foi.

Contrairement à la génération de leurs parents qui ne cessaient pas de se plaindre, même après avoir témoigné de nombreuses œuvres de Dieu, les Israélites de cette deuxième génération firent serment d'une totale obéissance. Et, ils proclamèrent qu'ils suivraient, sans hésitation, Josué, choisi par Dieu comme successeur de Moïse.

«*Nous t'obéirons entièrement, comme nous avons obéi à Moïse. Veuille seulement l'Eternel, ton Dieu, être avec toi, comme il a été avec Moïse! Tout homme qui sera rebelle à ton ordre, et qui n'obéira pas à tout ce que tu lui commanderas, sera puni de mort. Fortifie-toi seulement, et prends courage!*» (Josué 1:17-18).

Les 40 ans passés dans le désert, durant lesquels les Israélites erraient, n'étaient pas seulement une période de châtiment. Ces années furent une phase de formation spirituelle pour la deuxième génération de l'Exode qui entra dans le pays de Canaan.

Avant que Dieu ne nous donne des bénédictions, il permet

de nombreux genres de formations spirituelles afin que nous puissions avoir une foi spirituelle. C'est parce que sans la foi spirituelle, nous ne pouvons pas recevoir le salut et nous ne pouvons pas entrer dans le Royaume céleste.

En outre, si Dieu nous donne la bénédiction avant que nous ayons la foi spirituelle, il est probable que la plupart d'entre nous retourne vers le monde. Ainsi, Dieu nous montre sa puissance à travers des œuvres prodigieuses, et permet parfois des épreuves ardentes pour que notre foi puisse se développer.

Le premier obstacle, auquel la deuxième génération fut confrontée, fut le fleuve Jourdain. Les eaux du Jourdain coulent entre les plaines de Moab et la Terre de Canaan. Ce fut le temps de la moisson, et pendant cette période le courant du fleuve est fort et le fleuve regorge par-dessus tous ses bords.

Que dit Dieu à ce moment-là? Il demanda aux sacrificateurs de porter l'arche de l'alliance et de marcher à la tête du peuple afin d'être les premiers à entrer dans le fleuve. Dès que le peuple entendit la volonté de Dieu, annoncée par Josué, il se dirigea vers le Jourdain, sans hésitation, et les sacrificateurs marchaient devant la foule.

Parce qu'ils croyaient en Dieu, l'Omniscient et le Tout-Puissant, ils pouvaient obéir sans aucun doute ou plaintes. Par conséquent, dès que les sacrificateurs, portant l'arche, posèrent les pieds dans l'eau, le fleuve cessa de couler, l'eau fut arrêtée et le peuple put traverser le Jourdain à pied sec.

En outre, ils avaient pu détruire la ville de Jéricho, qui fut considérée une forteresse impénétrable. À cette époque-là, s'ils ne disposaient pas d'armes puissantes, il était presque impossible de détruire ces murs solides, faits de deux couches.

Même avec toutes leurs forces, ce serait une tâche extrêmement difficile pour les détruire. Mais Dieu leur donna ses commandements. Ils devraient tourner une fois autour de la ville, pendant six jours. Et le septième jour, ils devraient se lever tôt pour faire le tour de la ville sept fois. Puis le peuple devrait lancer un formidable cri de guerre.

Les forces ennemies faisaient la garde au sommet des murailles, cependant la deuxième génération de l'Exode marcha autour de la ville, sans hésitation.

Il fut possible que l'ennemi pût tirer tant de flèches contre eux ou lancer l'attaque une attaque de grande envergure contre eux. En dépit de cette situation si dangereuse, ils obéirent à la Parole de Dieu et marchaient autour de la ville. Même les solides murs devraient s'écrouler lorsque le peuple d'Israël obéit à la Parole de Dieu.

Pour recevoir des bénédictions à travers l'obéissance

L'obéissance peut transcender toutes sortes de circonstances. C'est le moyen pour faire intervenir l'incroyable puissance de Dieu. Du point de vue humain, on peut penser qu'il est impossible d'obéir à certaines choses. Mais selon Dieu, il n'y a rien auquel nous ne pouvons pas obéir, et Dieu est tout-puissant. Pour montrer ce genre d'obéissance, juste comme nous devons rôtir l'agneau au feu, nous devons écouter la parole de Dieu et la comprendre totalement par l'inspiration de l'Esprit Saint.

En outre, tout comme le peuple d'Israël qui, pour se rappeler ce que Dieu fit avec lui, garda les fêtes de Pâque et des pains sans levain pendant toutes les générations, nous aussi, nous devons nous rappeler toujours la parole de Dieu et la garder dans notre esprit. À savoir, nous devons continuellement circoncire notre cœur par la Parole de Dieu et rejeter les péchés et le mal avec notre gratitude pour la grâce du salut.

C'est seulement à ce moment-là que nous montrerons l'acte parfait de l'obéissance et que la vraie foi nous sera donnée.

Il peut y avoir des choses auxquelles nous ne pourrons pas obéir si nous raisonnons en suivant les théories, les connaissances, ou le bon sens de l'homme. Mais la volonté de Dieu impose que nous obéissions toujours, même dans des cas pareils. Lorsque nous montrons ce genre d'obéissance, Dieu nous montre les grandes œuvres et les bénédictions merveilleuses.

Dans la Bible, de nombreuses personnes obtinrent les bénédictions incroyables grâce à leur obéissance. Daniel et Joseph reçurent la bénédiction parce qu'ils avaient une foi inébranlable en Dieu et, même devant la mort, ils gardaient la parole de Dieu. En outre à travers la vie d'Abraham, le père de la foi, nous pouvons comprendre combien Dieu est content de ceux qui lui obéissent.

Les bénédictions données à Abraham

«L'Eternel dit à Abram: Va-t'en de ton pays, de ta patrie, et de la maison de ton père, dans le pays que je te montrerai. Je ferai de toi une grande nation, et je te bénirai; je rendrai ton nom grand, et tu seras une source de bénédiction» (Genèse 12:1-2).

À cette époque, Abraham était âgé de soixante-quinze ans, il n'était pas du tout jeune. Sûrement, il ne lui était pas facile de quitter son pays et s'éloigner de tous les membres de sa famille car il n'avait pas d'enfants pour être ses héritiers.

Dieu ne lui avait pas précisé l'endroit où il devrait aller. Tout simplement il lui ordonna de quitter son pays. S'il avait eu recours à la pensée humaine, il lui aurait été très difficile d'obéir. Il devait abandonner tout ce qu'il avait accumulé là, et aller à un endroit totalement étranger.

Ce n'est pas facile de laisser tous nos biens et aller à un endroit tout à fait nouveau, même si l'avenir est garanti. Et combien de personnes peuvent effectivement quitter tout ce qu'elles possèdent, quand leur avenir n'est pas si clair? Mais Abraham n'avait fait qu'obéir.

Il y avait une autre occasion où l'obéissance d'Abraham rayonnait si vivement. Pour que l'obéissance d'Abraham soit plus parfaite, Dieu voulut le tester afin de lui donner des bénédictions.

En effet, Dieu lui avait ordonné de présenter comme offrande son fils Isaac. Isaac était un fils si précieux à Abraham. Il était encore plus précieux que lui-même. Toutefois, il obéit sans aucune hésitation.

Après que Dieu lui parla, nous trouvons, dans Genèse 22:3, que le lendemain, Abraham se leva de bon matin et prépara tout pour présenter le sacrifice à Dieu, puis s'en alla vers le lieu que Dieu lui avait précisé.

Cette fois-ci, son obéissance fut à l'extrême; le degré d'obéissance fut plus élevé que celui de l'abandon de son pays et de la maison parentale. Cette fois-là, il avait obéi sans vraiment connaître la volonté de Dieu. Mais quand Dieu lui demanda d'offrir son fils Isaac en holocauste, il comprit le cœur de Dieu et obéit à sa volonté. Dans Hébreux 11:17-19, il est noté qu'Abraham estima que, même s'il offrit son fils en holocauste, Dieu le fera ressusciter, parce qu'il était la semence de la promesse divine.

Dieu fut réjoui de cette foi d'Abraham, et il prépara, lui-même, le sacrifice. Après cette épreuve, Dieu appela Abraham son ami et lui accorda de grandes bénédictions.

Même aujourd'hui, l'eau est rare autour d'Israël. Elle fut encore plus rare à cette époque, dans la Terre de Canaan. Mais partout où Abraham allait, l'eau était abondante. Et même son neveu Lot, qui se trouvait avec lui, reçut une telle grande bénédiction.

Abraham avait beaucoup de bétails, de l'argent et de l'or; il était très riche. Lorsque son neveu Lot fut pris comme captif, Abraham prit 318 hommes, élevés dans sa maison, et sauva Lot. Tout en voyant ce fait, nous pouvons voir combien Abraham était riche.

Abraham obéit à la Parole de Dieu. La terre et le voisinage, tout autour de lui, reçurent la bénédiction. Et ceux qui étaient avec lui avaient également reçu des bénédictions.

A travers Abraham, Isaac, son fils avait reçu aussi la bénédiction, et ses descendants ont été si nombreux qu'ils en vinrent à constituer même une nation. En outre, Dieu lui avait dit qu'il bénirait ceux qui le béniraient, et maudirait ceux qui le maudiraient. Abraham était tellement respecté que même les rois des nations voisines lui avaient rendu hommage.

Abraham avait reçu toutes sortes de bénédictions que l'on peut recevoir sur cette terre, y compris la richesse, la célébrité, le pouvoir, la santé, et les enfants. Comme il est écrit dans le chapitre 28 de Deutéronome, il reçut la bénédiction en entrant et en sortant.

Il devint la source de bénédictions et le père de la foi. En outre, il pouvait comprendre profondément le cœur de Dieu et Dieu lui ouvrit son cœur comme son ami. Quelle glorieuse bénédiction!

Parce que Dieu est amour, il veut que chaque humain devienne comme Abraham et atteigne les positions bénies et glorieuses. C'est pourquoi Dieu laissa un document détaillé au sujet d'Abraham. Celui qui suit son exemple et obéit à la parole de Dieu peut recevoir les bénédictions, en entrant et en sortant.

L'Amour et la Justice de Dieu qui veut nous bénir

Nous avons étudié, jusqu'ici, les Dix Fléaux infligés à l'Égypte et la Pâque qui fut la voie du salut pour les Israélites. A travers cela, nous pouvons comprendre pourquoi nous sommes confrontés à des catastrophes, comment nous pouvons les éviter, et comment nous pouvons être sauvés.

Si nous souffrons de problèmes ou de maladies, nous devons prendre conscience que ces états sont causés par nos maux. Ensuite, nous devons nous examiner immédiatement, nous repentir, et rejeter toutes les formes du mal. En outre, à travers Abraham, nous pouvons comprendre quels types de merveilleuses et inimaginables bénédictions Dieu accorde à ceux qui lui obéissent.

Il y a des causes pour toutes les catastrophes. Si nous nous en rendons compte avec le cœur, nous nous détournons du péché et du mal, et nous changeons totalement, les résultats seront très différents. Certaines personnes ne paient que la peine de leurs méfaits, alors que d'autres discerneront, dans leur souffrance, les ténèbres ou le mal dans leur cœur et profitent de cette occasion pour changer.

Dans Deutéronome chapitre 28, nous pouvons trouver les comparaisons entre les bénédictions et les malédictions qui viendront sur nous dans des situations d'obéissance et de désobéissance à la Parole de Dieu.

Dieu veut nous donner les bénédictions, mais comme il le dit dans Deutéronome 11:26: «Vois, je mets aujourd'hui devant vous la bénédiction et la malédiction». C'est à nous de choisir. Si nous semons des haricots, les haricots vont germer. De même, nous souffrons des maux causés par Satan à cause de nos péchés. Dans ce cas, Dieu va permettre que les catastrophes s'abattent sur nous selon sa justice.

Les parents veulent que leurs enfants soient bien aisés, et ils leur disent: «Travaillez dur», «Vivez une vie honnête», «Respectez toutes les règles de circulation», et ainsi de suite. Avec ce même genre de cœur, Dieu nous donne ses commandements et veut que nous lui obéissions. Les parents ne veulent pas que leurs enfants leur désobéissent et succombent dans le malheur et la destruction. De même, Dieu ne veut jamais que nous souffrions.

Par conséquent, je prie, au nom du Seigneur Jésus-Christ, que vous soyez tous conscients que la volonté de Dieu, pour ses enfants, ne veut pas que nous souffrions des catastrophes, mais que nous ayons des bénédictions et à travers la vie d'obéissance, que vous receviez des bénédictions en entrant et en sortant et que tout aille bien avec vous.

L'auteur:
Dr. Lee Jaerock

Le Dr. Jaerock Lee est né à Muan, dans la Province de Jeonam, en République de Corée en 1943. Dans sa vingtaine, le Dr. Lee a souffert d'une variété de maladies incurables pendant sept ans et il attendait la mort avec aucun espoir de récupérer. Un jour du printemps 1974, il a été cependant conduit dans une église par sa soeur et lorsqu'il s'est agenouillé pour prier, le Dieu vivant l'a immédiatement guéri de toutes ses maladies.

Dès que le Dr. Lee a rencontré le Dieu vivant au travers de cette merveilleuse expérience, il a aimé Dieu de tout son cœur et sincérité, et en 1978, il a été appelé à devenir un serviteur de Dieu. Il a prié avec ferveur de manière à clairement connaître la volonté de Dieu, l'accomplir complètement et a obéi à toute la parole de Dieu. En 1982, il a fondé l'Eglise Centrale Manmin à Séoul en Corée et d'innombrables œuvres de Dieu, incluant des guérisons miraculeuses et des prodiges ont eu lieu dans son église.

En 1986, le Dr. Lee a été ordonné en tant que pasteur lors de l'Assemblée annuelle de l'Eglise Sungkyul Jésus de Corée, et quatre ans plus tard, en 1990, ses sermons ont commencé à être retransmis en Australie, en Russie, aux Philippines et dans beaucoup d'autres nations au travers de la Société de Retransmission d'extrême orient, la Station asiatique de retransmission et le Système de Radio Chrétienne de Washington.

Trois ans plus tard, en 1993, l'Eglise Centrale Manmin a été sélectionnée comme l'une des «50 Plus grandes églises du monde» par le magazine *Monde Chrétien* (Etats-Unis) et il a reçu un doctorat honoraire en Divinité du Collège Chrétien de la Foi, en Floride, aux Etats-Unis, et en 1996, un Ph.D. dans le ministère du Séminaire Théologique Kingsway, à Iowa, aux Etats-Unis.

Depuis 1993, le Dr Lee a pris la direction de la mission mondiale au travers de nombreuses croisades outremer, aux USA, en Tanzanie, en

Argentine, en Ouganda, au Japon, au Pakistan, aux Philippines, au Honduras, au Kenya, en Inde, en Russie, en Allemagne, au Pérou, en Israël et en Estonie. En 2002, il fut appelé «Pasteur Mondial» par les principaux journaux chrétiens en Corée pour son travail dans les diverses Grandes Croisades Unifiées outremer.

Depuis décembre 2013, l'Eglise Centrale Manmin possède une congrégation de plus de 120.000 membres. Il y a 10.000 églises branches dans le monde entier y compris 56 églises branches dans les villes principales de la Corée, et à ce jour, plus de 129 missionnaires ont été commissionnés vers 23 pays, y compris les Etats-Unis, la Russie, l'Allemagne, le Canada, le Japon, la Chine, la France, l'Inde et de nombreux autres.

Jusqu'au jour de cette publication, le Dr Lee a écrit 88 livres y compris les bestsellers, *Goûter à la vie Eternelle avant la Mort, Ma Vie, Ma Foi, I et II, Le Message de la Croix, La Mesure de Foi, Le Ciel I et II, L'Enfer* et *La Puissance de Dieu*. Ses œuvres ont été traduites dans plus de 76 langues.

Ses chroniques chrétiennes paraissent dans *Le Hankook Ilbo, Le Chosun Ilbo, Le JoongAng Daily, Le Dong-A Ilbo, Le Munhwa Ilbo, Le Seoul Shinmun, Le Kyunghyang Shinmun, Le Hankyoreh Shinmun, Le Korea Economic Daily, Le Korea Herald, Le Shisa News* et *Le Chistian Press*.

Le Dr. Lee est présentement dirigeant de nombreuses organisations missionnaires et associations, y compris Président de l'Eglise Unifiée de Sanctification de Jésus-Christ; Président Permanent, Association pour la Mission du Réveil Mondial du Christianisme; Président, Mission Mondiale Manmin; Fondateur, Manmin TV; Fondateur et Président du Conseil du Réseau Mondial Chrétien (GCN); fondateur et président du conseil du Réseau Mondial de Médecins Chrétiens (WCDN) et fondateur et président du conseil du Séminaire International Manmin (MIS).

Le Ciel I et II

Une esquisse détaillée de l'environnement de vie merveilleux dont jouiront les citoyens célestes au milieu de la gloire de Dieu.

Le Message de la Croix

Un puissant message de réveil pour tous les peuples qui sont spirituellement endormis. Dans ce livre, vous trouverez le véritable amour de Dieu et pourquoi Jésus est notre seul Sauveur.

Enfer

Un message sérieux de Dieu à toute l'humanité, qui souhaite que même pas une seule âme ne tombe dans les profondeurs de l'enfer! Vous découvrirez le compte rendu jamais révélé auparavant de la cruelle réalité de l'Hadès et de l'Enfer.

Goûter à la Vie Eternelle avant la Mort

Les mémoires témoignage du Révérend Dr. Jaerock Lee qui est né de nouveau et sauvé de la vallée de la mort et a vécu une vie chrétienne exemplaire.

La Mesure de Foi

Quel type de lieu de séjour céleste et quelles espèces de couronnes sont préparés dans le ciel ? Ce livre donne sagesse et direction pour mesurer votre foi et cultiver la foi la plus parfaite et mature.

www.ingramcontent.com/pod-product-compliance
Lightning Source LLC
Chambersburg PA
CBHW030259130626
46549CB00002B/611